一日5分!「携帯パズル」でみるみる頭がよくなる!!

勝間和代 脳力UP

contents

はじめに——この本はパズルの本です

マッキンゼーというコンサルティング会社に勤めていた30代前半、私は、人生最大のピンチに直面しました。そこから私を救ってくれたものは、なんだと思いますか？

大学在学中に史上最年少で合格した公認会計士試験の知識？　世界的大企業を有力クライアントに持つ大先輩の助言？　それとも、同社の「ファースト・トラック」といわれる同期のなかでいち早く出世し、「究極の優等生」と呼ばれた勤勉さでしょうか？

答えはいずれもＮＯです。詳しくは本書の第３章に譲りますが、**ピンチを救ってくれたもの、それは、私が幼いころから大好きだったパズルの問題だった**のです。

まるで、テレビドラマのような話ですが、ホントにホントのことなのです。

あるクライアントから突きつけられた難問は、胃に穴があくほど毎日悩んでも解決案が見つかりませんでした。途方に暮れていた私の頭の中に、あるとき、天啓のようにひらめいた答えは、小学生時代に出会ったパズルの解き方と、まったく同じ手法だったのです。

ほとんどの人は、「そんなバカな!?」と思うでしょう。今まで私の本を買ってくださった読者の方でさえも、この話には、半信半疑になってしまうかもしれません。

私は、この事実を証明するために、それよりなにより読者のみなさんといっしょに〝脳力〟をアップするために、この本を作りました。

つまり、この本は、パズルの本なのです。ただし、掲載しているのは、ただのパズルではありません。時間をかけて、自分の頭で考えて解いていけば、必ず、頭がよくなる＝「脳力UPする」パズルなのです。

いままで私はビジネスに役立つ思考力について、自分の本の中で多くを述べてきました。また、他のいろいろな方々も、数多くの本を出されたり、発言されています。

しかし、読者のみなさんは、ちょっと歯がゆい思いをしているのではないかと、私は考えています。それは、思考力についていくら語られても、みなさんが思考力を実際に用いる、あるいは思考力のトレーニングをする場が決定的に不足しているからです。

新商品の開発に関わったり、新規プロジェクトを立案するような部署にいて、毎日、思考力を発揮することが求められるポジションにいる人は、ごく少数でしょう。

本書は、それを踏まえたうえで、思考力を存分に発揮する、あるいは、鍛える場を提供することを目的としているのです。しかも、ふつうのビジネスマンが、ふだんどおり仕事をやりながら、本書の中の疑似体験を通じて無理なくビジネス思考力を高められるように工夫をこらしました。

本書は、大きく2部構成になっています。前半（第1章～第2章）は、「ビジネスに役立つ思考力」の解説が中心です。「そもそも思考力とはどんなものなのか？」から始まり、そうした思考力が生かされたビジネスの成功例もあわせて紹介しています。

後半（第3章～）は、今回、私といっしょに脳力UPの携帯サイトを立ち上げたスタッフとともに作成したパズル問題と解答、そして解説になっています。加えて、私のこれまでの人生において、いかにパズルが役立ち、ビジネス思考力を鍛える＝脳力UPに貢献してきたかも詳しくお話ししています。パズルによって人生を切り開いてきた実在の人物（→私のことです）のストーリーを読めば、みなさんのモチベーションも、グッと上がると考えました。

また、パズルとその解答および解説も、できるだけわかりやすくしています。とくに、解説は思考のプロセスを明らかにして、自然にその思考方法を学んでもらいながら、正解にたどりつけるように工夫したつもりです。通勤途中の電車の中や、オフィスや自宅にいるときのちょっとした時間を使って、ぜひ、自分の頭で解いてみてください（この、「ちょっとした」スキマの時間を活用することが重要なポイントです。その理由は第2章で）。
ビジネスとは、本来楽しいものです。そして、思考力が身につけば、ビジネスの楽しさが理解できます。それは、まるでパズルを解くような面白さであり、今まで気づかなかった人には、驚きであるかもしれません。結果的に、**本書は、ビジネスの楽しさをみなさんに伝える内容になったと自負しています**。

なお、本書の発売前に、目的をまったく同じとする携帯サイトをオープンしています（勝間和代式脳力UP↗ http://katsuma-puzzle.jp）。こちらは、「パズルを解きながら、お店を経営して成長させていく」ゲーム仕立てとなっており、より気軽に、楽しみながら思考力を身につけることができると思います（巻末に、サイトの詳しい利用方法などをまとめていますので、ご覧ください）。

この本とサイトで、ひとりでも多くの、優秀なビジネスパーソンが誕生することを、願ってやみません。

２００９年６月

勝間和代

※本書では、「難問」という意味で「パズル」という言葉を使っています。読者の中には、クロスワードパズルやジグソーパズルなどの、図形や図表を使ったものをパズルと呼ぶと考えている方もいるかもしれません。しかし、本来は、文章だけの問題もパズルに含まれます。

また、「クイズ」は、おもに、知識を問う問題の意味で使われることが多く、パズルの一分野であると考えられています。

したがって、本書では、知識を問うようなタイプの問題についても、「パズル」と呼んでいます。

第1章 青山のあるフレンチレストランの秘密

目立たない裏通りにもかかわらず大繁盛の謎

それは、ある日のランチタイムの出来事でした。

仕事の打ち合わせを兼ねて、青山のあるフレンチレストランを訪れたときのことです。

私たちは予約をしていたのでスムーズに席につけましたが、店内を見渡すと、ほぼ満席状態でした。「今、日本は本当に不況なの？」と、首をかしげたくなるようなにぎわいを見せていたのです。

そのとき、私の頭の中には、さらにもうひとつの大きな疑問が浮かびました。

「目の前の満員のお客さんたちは、どうしてこの店に来たのだろうか？」

そのお店は、青山・表参道周辺というフレンチレストランにふさわしい場所にあったのですが、地下鉄の駅からはやや遠く、多くの人が行き交う大通りからも奥まったところに存在しているのです。

つまり、立地条件から、その店は人目にはつきにくく、**通りすがりの人がフラッと訪れる可能性は非常に低い**、ということが容易に想像できました。

そこで、その仮定を前提とすると、満席のお客さんたちについて、**「以前に、何度かこの**

店を訪れたことがあるリピーターである確率が、かなり高いのではないか」という推測が成り立ちます。

その推測を裏付けるように、その店のメニューの裏には、フレンチレストランとしては珍しい部類に入ると言っていいでしょう、「年中無休」と書かれています。「年中無休」であれば、「今日は休みかもしれない」などと心配せずに、いつでも安心して訪れることができます。顧客をリピーター化するひとつの配慮だと考えられるでしょう。

さらに、メニューの中身を読んでいくと、興味深い事実が浮かび上がってきました（もうこのあたりになると、食事を楽しみながら打ち合わせをする、という当初の目論見はどこかに飛んでいってしまって、完全に経営コンサルタントの頭に切り替わっていました）。

繁盛している店には必ず理由がある

その店のランチのコースは2種類。値段は1780円と2500円です。内容の違いは、2500円のコースには、スープ（単品で300円）とデザート（同じく600円）が組み入れられていて、1780円と比べて180円分おトクになっているのです（1780円＋300円＋600円−2500円＝180円）。

ランチに2000円前後のおカネをかけられる人たちは、時間とおカネに比較的余裕がある層です。おそらく、スープから始めてデザートまできちんと食べたいと思うタイプの人が多いので、おトク感も手伝い、自然と2500円のほうを選ぶようになります。実際、各テーブルを見ると、デザートを食べている人が目につきます。

さらに、その2500円のコースのメニューに目を凝らすと、メインディッシュには、1780円のコースのメインでもあるスズキ、サーロインステーキ、ポークソテーの3品目のほかに、オマール海老、牛タンが加わっています。客はこの5つのメインから選択するようになっているのです。

ただし、オマール海老と牛タンを選ぶと、追加料金600円がかかるため、これも自然と、スズキ、サーロインステーキ、ポークソテーのどれかに、**誘導されるようになっていました**。

こうしたメニューの書き方は、客としては、オマール海老や牛タンを頼まなくても、選ぶ楽しみを味わうことができ、自分は豪華なコースを選んだという印象を持ちます（実際に私はそう感じました。ちなみに、そのときオーダーしたのはスズキです）。

さてさて、いよいよ料理が運ばれてきました。

味は、「中の上」といったところでしょうか。使われている食材に注目しながら食べていると、コールスロー、自家製ピクルス、キッシュなど、手間は多少かかるけれども、原価は安いものが中心になっていることに気が付きます。

メインディッシュについても、食材そのものはそれほど値段が張るものではありませんが、盛りつけ方はキレイで、見るからにおいしそうな雰囲気を漂わせています。

パンは食べ放題になっていて、量を食べる人に、物足りなさを感じさせないように配慮されているのですが、パンの種類は1種類だけです。デザートも、クレームブリュレ、アイスクリームなど、男性でも食べやすく、人気はあるけれども値が張らないものを取りそろえていました。

つまり、その2500円のコースは、**値段のわりにボリュームはたっぷりで、安い食材を使っていても、盛りつけやメニュー構成によって安っぽく見せない、といった工夫が施されている**のでした。

そういった工夫のなかでも極めつきは、ホールを華麗に動きまわるフランス人スタッフたちでしょう。お客が店に入るやいなや、声をそろえて、「ボン・ジュール、マダーーーム！」。いやがうえにも、「青山でランチしている気分」が高まるというものです。

ここまでくれば、立地条件が悪く、値段も安くなく、ずば抜けて美味《おい》しいというわけでもないレストランにもかかわらず、しっかりとリピーターが付き、ランチタイムになると満席になっている理由がはっきりとわかりますよね。

なぜ〝素人〟がプロにアドバイスできるのか

みなさんは、このフレンチレストランのエピソード、どう思われましたか?

なにげなく訪れたレストランでも、ちょっと頭を働かせて考えると、いろいろな事実が見えてくることが、理解してもらえたのではないでしょうか。

このように、目の前にあるさまざまな物事を冷静に観察し、「なぜそれがそうなっているのか?」という理由を考え、検証して何らかの正しい結論を導き出す——**この一連の頭の働きを「思考」といい、それを行う力を「思考力」と呼びます**。この思考力ほど、ビジネスにおいて、さらには、人生において重要な能力はないといって過言ではありません。

思考力が身についていれば、繁盛しているパン屋さんの秘密や、ヒット商品が売れている理由、儲かっている会社の仕組みなどが、明快に理解できるようになります。また、商品やサービスが売れない理由、会社が儲からない原因なども、同じようにわかります。

しかし、**思考力がないと、同じ物事を見ていても、隠された秘密に気づく可能性はほとんどありません**。情報の重要性を理解するには、思考力が不可欠なのです。

私は、長らく、外資系の経営コンサルティング会社に在籍していました。そこには、経営に関するアドバイスを求めて、さまざまな業種に属する企業の経営者が、相談を持ち込んできます。

コンサルタントに相談をし、解決策を考えてもらうには費用がかかります。多くの場合、その費用は高額です。それにもかかわらず、コンサルティングがビジネスとして成立しているのは、解決策に費用を上回る一定の効果が見込めるからです。

しかし、コンサルタントたちは、必ずしも、相談を持ちかける企業が属している業界で働いた経験がある人材ばかりではありません。むしろ、その業界に関しては素人《しろうと》であるケースが往々にしてあります。

では、なぜ、そうした素人が、経営のプロに対して、役に立つアドバイスができるのでしょうか?

今までの私の話から、カンのいい方ならピンとくるかもしれません。そう、コンサルタントは、「思考のプロ」なのです。非常にレベルの高い思考力を身につけているため、その会社の状況を的確に分析することができ、欠点を直すためのアドバイスを提案することができるのです（私には、レストランを経営した経験がないことは、言うまでもありませんね）。

何をどう見るか？――仮説を立てて隠された情報を見つける

そこで、よりコンサルタント的な視点で、フレンチレストランのエピソードを振り返ってみましょう。目の前にあるさまざまな手がかりをもとに、思考力をどう働かせていったのかを解説していきます。

まず、思考は、「立地条件が悪いにもかかわらず、なぜレストランが繁盛しているのか？」という事実にもとづいた疑問からスタートしました。

次に、その疑問を解明するための手がかりとして、「客の多くはリピーターである」という仮説を立てました。そして、その仮説が成立する条件として、「再び訪れたくなる満足感を客に与える工夫がいろいろとなされているはずだ」という視点で、店内を観察していきました。

すると、「なぜコースが2種類あるのか？」「なぜこの価格設定になっているのか？」といった新たな疑問点を発見し、その疑問点を解明するために、「コースは2種類あるけれど、店側としては高いコースに誘導したいはず」といった新たな仮説を立てていったのです。

さらに、その仮説をベースとして、メニューの食材やそのコストについて分析をし、そこに隠されているレストラン側の工夫へと思い至った、という次第です。

ここで、このフレンチレストランのメニュー戦略について、もうひとこと付け加えておくと、「利益率もかなり高いのではないか」という推測もできます。というのは、コースは2種類あるものの、結局、選ぶメインディッシュは、1780円でも2500円でも、スズキ、サーロインステーキ、ポークソテーの3品目に誘導されるからです。

提供するメニューの品数を少なくすれば、食材ひとつひとつを多く仕入れることができ、仕入れコストを低下させることができます。加えて、料理人の負担を減らすことができるため、結果として、非常に効率的に客に料理を提供することが可能となるのです。

すみません、ちょっと話が横道にそれました。

ここで私が強調しておきたいのは、仮説を立てることの重要性です。**「仮説を立てる力」は思考力には不可欠ですし、仮説を立てることができないと、思考は先に進みません。**

「なぜ?」「どうして?」と疑問を持つことは、誰にでもできることです。また、手がかりを与えられれば、それについて考えることは、比較的たやすいはずです。今回のエピソードでは、「コースが2種類存在する」ということが重要な手がかりで、それを発見できるかどうかが、大きな分かれ目となりました。

しかし、「仮説を立てる」ことは、「疑問を持つ」「与えられた手がかりについて考える」といったことに比べて、難易度はアップします。なんとなく考えているだけでは、なかなかできるようにはなりません。

では、どうすれば、仮説を立てる力が身につくのでしょうか？

「ブレインティーザー」というなぞなぞ

「仮説を立てる」というと、なにやら難しく聞こえますが、簡単にいうと、目の前にある情報をもとに、まだ事実として判明していないことを、あれやこれやと想像することです。

たとえば、「朝起きたら頭が痛い」という現象があったときに立てる一般的な仮説は「風邪をひいたのかもしれない」というものでしょう。すると次に私たちはその仮説を検証するために、「体温計で熱を計る」という行動をとるのです。

「これじゃ全然頭を使っていないじゃないか」と思われる向きは、もう一度、さきほど紹介したフレンチレストランの話を思い出してください。「立地条件の悪い裏通りの店なのに満席」（情報）→「リピーターが多い店に違いない」（仮説）→「再び訪れたくなる工夫がされているのではないか」（検証）ということになります。

こうした思考を進めていく力は、ふだんの日常生活の中で無意識のうちに使っていたり、ビジネスの現場で威力を発揮したりするのですが、なぞなぞやパズルを解くことに使うこともできるのです。

たとえば、「〝このはし渡るべからず〟と立て札に書かれている橋をどう渡るか？」というなぞなぞを解いてみましょう。これは、有名なとんち問題なので、答えを知っている人がほとんどでしょうが、思考の順番をたどってみます。

まず、目の前の情報が「橋」、立てた仮説が「〝はし〟というのは、はじっこの意味である〝端〟である」、そして、導き出した結論が「橋の端を通らないで渡る（＝橋の真ん中を歩いて渡る）」となります。

つまり、パズルやなぞなぞを解いていくには、仮説を立てたりするといったいろんな思考力が必要になります。逆にいえば、**思考力を鍛えるのに、パズルやなぞなぞはうってつけなのです。**

こういわれても、多くの人は半信半疑かもしれません。では、次のエピソードはどうでしようか。十数年前からですが、「ブレインティーザー（brainteaser：直訳は「難問」）」と呼ばれる、言ってしまえば〝新種のなぞなぞ〟が、アメリカのビジネスエリートの間で流行《はや》っています。

広く知られるようになった背景には、マイクロソフトやマッキンゼーといった、ビジネスエリートが多く集まる企業の入社試験で、このブレインティーザーが頻繁《ひんぱん》に出題されるようになったことがあるのですが、そのなかにはクイズやパズルを解く能力を試すような問題が少なくありません。

有名なブレインティーザーとしては、「なぜマンホールのフタは丸いのか？」「シカゴにピアノの調律師は何人いるか？」といった問題があります。こういう問題の出題意図は、正解を求めているわけではありません。**仮説を立てる発想力や、その仮説を理屈に合うように展開することができるかといった思考力を試しているの**です（この2つの問題の解き方は、第4章で詳しく解説します）。

そこで、入社試験を受ける人たちは、そんな難問の数々に対処できるように、パズルやクイズを解くトレーニングを行っているのです。

東大生でもなかなか入れない、超難関の外資系IT会社やコンサルティングの入社試験で、ここ数年、同様な傾向が見られるようになったことから、東京大学の生協では、そのための問題集がベストセラーになっていたりします。

知的生産性がビジネスマンに求められる時代

今までの話を聞いて、「パズルを解くことで思考力が鍛えられることが本当で、思考力がビジネスに不可欠だといっても、それはコンサルタントや経営者になるような人にとってだけじゃないのか」と、思われる人もいるでしょう。はっきり言いましょう。その考えは間違っています。

昨今のビジネス社会を冷静に眺めてみると、**ビジネスマンひとりひとりに、経営者的な発想やビジネススキルを発揮することを求められる傾向が、より強くなっている**ことがはっきりしてきました。

社会の変化のスピードがどんどん速くなっているので、現場で仕事をするビジネスマンたちが、自分自身の頭で思考し、意思決定を行っていかないと、会社の利益が上がらなくなってきているのです。

一方、マニュアルが用意されているような単純労働は、今後、機械化やＩＴ化によって人間の手が不要になったり、あるいは、外国人労働者によって行われることがますます増えていくでしょう。

つまり、私たちは、労働集約的なハードワーカーから、知的生産型のビジネスパーソンに移行していかないと、安定した収入を得ることが困難な時代に生きているのです。そして、**知的生産型のビジネスをしていくには、思考力が必要となってくる**、というわけです。

なんだか、ちょっとした〝脅し〟のように聞こえてしまったでしょうか。

しかし、私は、おおげさでもなんでもなく、このように考えています。むしろ、最近の経済動向を見ていると、そうしたビジネス社会の変化のスピードは加速しているような気がしているのです。

ただし、ここで暗い気持ちになることはありません。たしかに、社会で生きていくためにはビジネスに携わることが必要で、それには思考力が不可欠なことには変わりはありませんが、すでに述べたように、ビジネスに役立つ思考力とは、パズルを解くといったような方法で、楽しく身につけることができるのです。なにも、経営に関する難しい学術書や理論書などを読む必要はありません。パズルを使って一定の頭のトレーニングを行えば、誰でも確実に身につけることができるものです。

本書は、そのための本なのです。

この『勝間和代の脳力UP↗』は、〝思考力のガイド本〟とは一線を画し、**読み終わった段階で、ある程度の思考力が身についている、**ということを狙って作りました。

ビジネスに役立つ考え方を養うパズルやクイズを紹介し、その問題を解くには「どういう頭の働かせ方をしたらよいのか？」といったことを、なるべくわかりやすくみなさんに解説することに最大の努力を払っています。単なるクイズ問題集ではありません。

このあと、もう少し、「思考力とは何か？」ということを解説していきます。深く理解することで、身につく精度が上がってくるからです。

「難しい勉強をするの？」――大丈夫！　まさにパズルを解いていくように、楽しく読めること請け合いです。

第2章 「立体思考力」を身につけると仕事が楽しくなる

「ビジネスに役立つ思考力」＝「立体思考力」

今まで、「ビジネスに役立つ思考力」という言い方をしてきましたが、ここからは、これを「立体思考力」と呼んでいきたいと思います。

立体思考力は、2つの思考力からできています。それは、「論理思考力」と「水平思考力」です。つまり、立体思考力を身につけるには、この2つの思考力を身につける必要があるのです。それぞれを、まずはごく簡単に説明しておきましょう。

論理思考力とは、物事を、規則（ルール）や法則に従って、文字どおり「論理的」に考えることができる力のことです。数学は、論理思考力を養成する代表的な科目といえます。

数学のルールには「十進法」がありますが、このルールを当てはめ、5＋6＝11とすることは、立派に論理思考力を使ったことになります。

一方、水平思考力は、直感や想像をふくらませたり、まったく新しいものを組み合わせたりすることで仮説を立てて、正解を見つけようとする力のことです。

こう言われると、あいまいで、とらえどころがないような気がするかもしれません。しかし、実は、水平思考力はふだんからよく活用されている思考力なのです。

ふつうに考えていってもなかなか答えが出ないようなパズル、あるいは、ヒット商品は、水平思考力によって答えが導き出されたり、生み出されたものが無数に存在します。第1章でふれた、〝このはし渡るべからず〟というなぞなぞも、「はし＝橋」だと考えていると、いつまでたっても答えにたどりつけません。「はし＝橋」という考え方を捨て、「はし＝端」と思いつくかどうかが勝負となります。

「論理思考力」×「水平思考力」で手に入れる「立体思考力」

もう少し、論理思考力と水平思考力の、それぞれの特徴と違いについて、説明を続けましょう。

論理思考力は、規則や法則が重要となる思考力であるといいました。つまり、**規則や法則を使って、問題を直線的に掘り下げていくときにぴったりの思考力**なのです。

コンピュータのプログラムは、まさに論理思考力の塊《かたまり》のようなもので、一定の規則（基本となる規則は数学の二進法です）にしたがって、高速で計算を繰り返して答えを出していきます。ひとつの論理を組み立てて、コンピュータに分析させてしまえば、人間の手では何百年もかかるような計算も、一瞬で答えを出してしまいます。このように、論理思考力は、答えに至る道筋にある程度見当がついている問題を効率的に解くことに優れた力であるともいえます。

一方、水平思考力は、コンピュータではマネができません。**それまでの常識を否定したり、想像力をふくらませて仮説を立てたうえで、いろいろと試行錯誤を繰り返して答えを見つけていきます**（コンピュータに「適当に想像しなさい」と言っても無理な話ですよね）。

つまり、論理思考力が、絞り込んでいく思考法だとすると、水平思考力は、考える枠組みを広げていく思考法です。

この2つの思考力を鍛え、組み合わせて使うことによって、立体思考力を身につけることができるのです。ビジネス上での、さまざまな課題の解決法が飛躍的に広がると思います。

すべての思考力の基礎となる「MECE」

ここまで、立体思考力と、その中身である論理思考力と水平思考力について、ごく簡単に説明してきました。次に、論理思考力と水平思考力を、より詳しく解説したいのですが、その前に、ひとつ、「MECE」について説明をしておきます。

「MECE（ミッシーと読みます）」とは、これから説明をする、**すべての思考力の基礎とな**

るものです。

突然ですが、そもそも、「思考する」「考える」とは、どういうことだと思いますか？

私は、「考える」ことの最初の一歩は、いろいろな物事を、区別することだと思います。考える対象があって、「これとこれは同じ。これとこれは違う」と、区別・区分けをすることが、考えるという作業の第一歩、というわけです。

日本語には、「分かる」という言葉があります。この意味は、「理解をする」ということなのは誰でも知っていますが、この「分かる」という言葉の意味は、本来、「物事を区別する」ということです。つまり、**「区別すること」が、「理解すること」となるわけで、思考力のいちばん基礎の部分にあたる**のだと思います（ちょっと回りくどくなりましたね）。

そこで、ＭＥＣＥです。

私の本をすでに何冊か読まれている方には、〝耳タコ〟状態の言葉になっていると思いますが、もう一度、説明させてください。

ＭＥＣＥとは、英語の「Mutually Exclusive＝相互に排他的で」、かつ、「Collectively Exhaustive＝全体として漏れがない」の頭文字をとったものです。**「漏れがなく、ダブりもなく」**という意味合いの言葉で、要するに、どっちつかずのあいまいな部分がないようにし

人　間（性別）

た、**「上手な区分け」**といった感じで、まずは覚えてもらえたらと思います。

ＭＥＣＥをよりわかりやすくするために、具体例をいくつかお見せしましょう。

私たちのもっとも身近な存在である（というか、私たち自身が含まれますが）「人間」を、ＭＥＣＥに分類してみましょう。

人間を、もっとも簡単にＭＥＣＥに分ける方法は「性別」です（上図参照）。「男と女」という分け方は、「漏れがなく、ダブりもなく」、きちんと人間を2種類に分けてくれます（フィジカルには男でもメンタルが女という方などが増えてきていますが、ここではあくまで生物学的に見た場合とします）。

では、性別以外では、何が考えられるでしょうか？　そう、年齢です。

19歳なのに同時に20歳でもある人は存在しません。したがって、年齢もＭＥＣＥになります。年齢で分ける場合には、人間全体を、「20歳未満と20歳以上」に分ければ、2種類になりますし、「0歳～30歳未満、30歳～60歳未満、60歳以上」と分ければ、3種類に、「漏れがなく、ダブりもなく」分けることが可能です（左上・左中図参照）。

それでは、「既婚と未婚」で分ける分け方は、ＭＥＣＥといえるでしょうか？

結論から言うと、ＭＥＣＥではありません。たとえば、私は、2度の離婚を経験している

人　間（年齢）

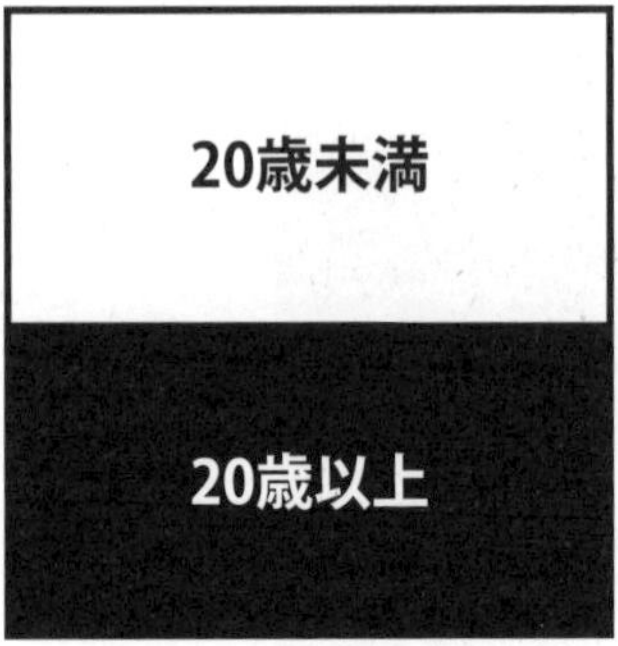

人　間（年齢）

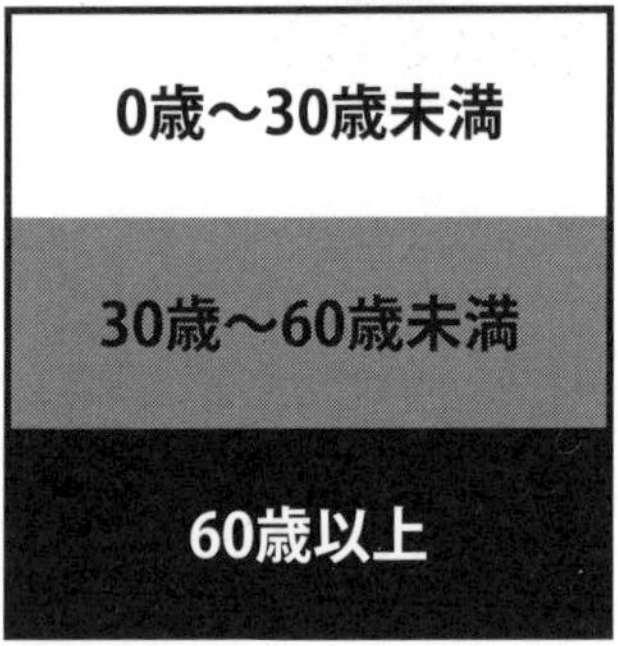

人　間（既婚・未婚）

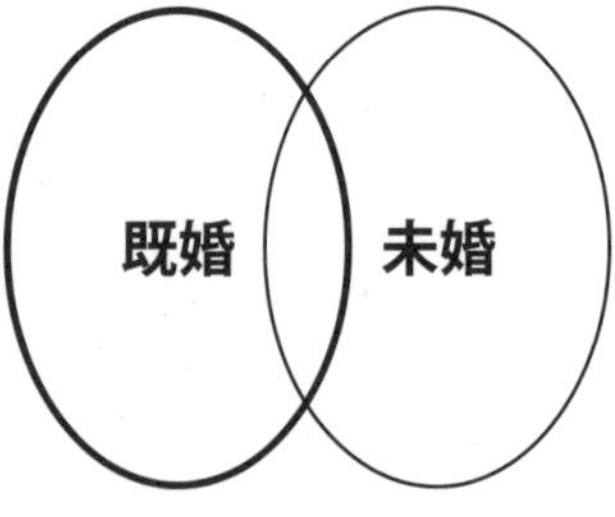

のですが、既婚にも未婚にも当てはまりませんし、既婚・未婚の定義によっては、両方に当てはまってしまうかもしれません。こういう、「漏れもあるし、ダブりもある」ような分類は、MECEではないのです（前ページ下図参照）。

MECEを使って会社の利益を増やす

MECEについてここまでの説明は、わかりやすかったのではないですか？　その理由は、誰もが知っている、客観的な事実をMECEに分解してみたからです。

では次に、ちょっとひねったMECEの例を考えてみましょう。

「会社の利益を増やす」ということをテーマにして、MECEを作ってみたいと思います。

いろいろなやり方が考えられますが、私の専門でもある、会計士的な知識を使って行ってみますと、会社の利益を増やすには、「売り上げの増加」と「コストの削減」が考えられます。この2つの概念は、「漏れがなく、ダブりもなく」の関係になっていますので、MECEになっています。

そして、「売り上げの増加」は、「既存顧客への売り上げ増加」と「新規顧客への売り上げ増加」とにMECEにすることができますし、一方の「コストの削減」については、「(材料

会社の利益を増やすには

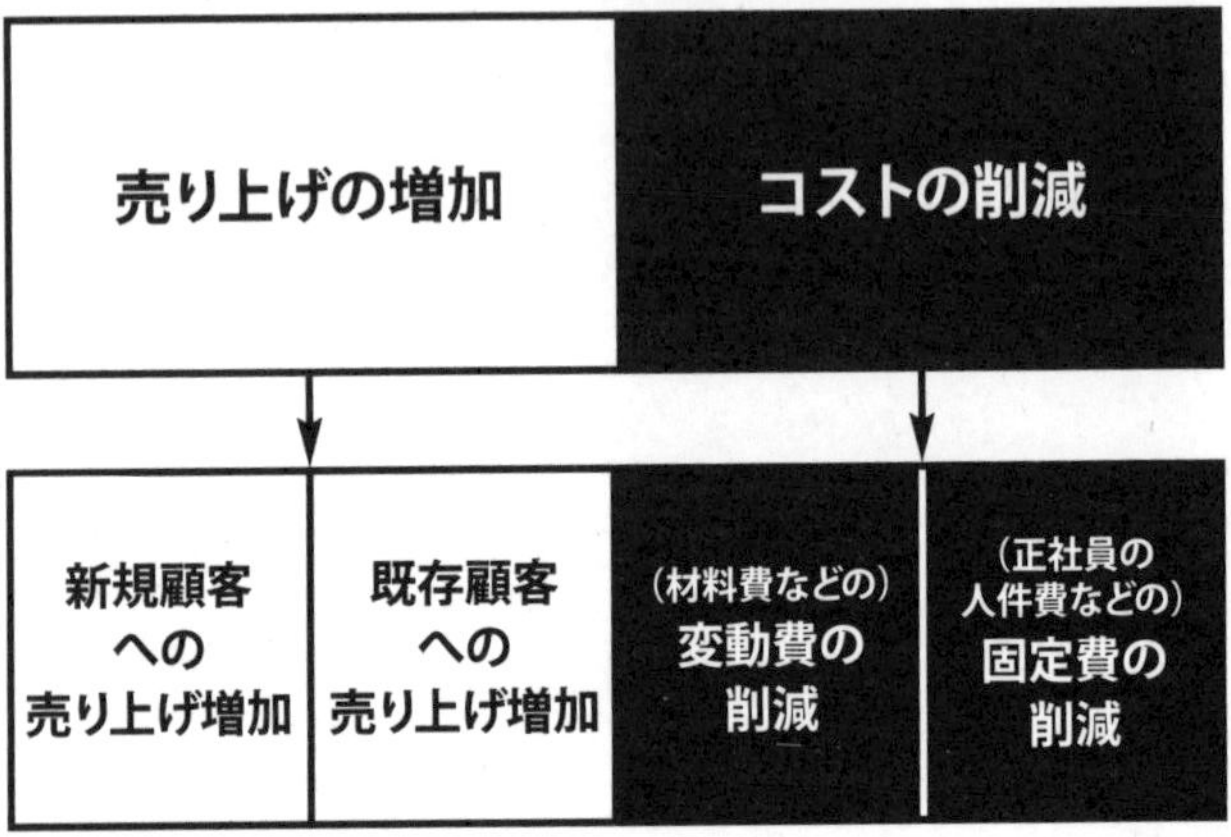

費などの）変動費の削減」と「（正社員の人件費などの）固定費の削減」へとＭＥＣＥに分解できます。

このように「売り上げの増加」をＭＥＣＥにして考えるには、財務会計あるいは経営者的な経験や知識が必要となります。

しかし、ここで経験や知識より大切なことは、**テーマをＭＥＣＥに分解するということ。分解してはじめて、どこが問題なのか、ハッキリわかるようになる**のです。

漫然と、「営業件数を増やしたほうがいいんじゃないか」とか、「もっとみんなで節約しよう」などと議論をするよりも、まず、ＭＥＣＥに分解してみます。そうやって問題の所在を明らかにし、具体的にどこをどう改善していくのか、といったことを議論していくようにすれば、答えを出すスピードは格段にアップし、的確な答えを得られる可能性も高くなります。

この例とは別に、MECEは、状態の変化の過程（プロセス）についても、MECEになっているとか、なっていないと言うことができます。

わかりやすい例でいうと、水（H_2O）は、1気圧のもとでは、氷点下で「氷」になりますし、摂氏100度を超えると「水蒸気」になることが知られています。つまり「氷」⇕「水」⇕「水蒸気」はプロセスでMECEになっています（ただし正確を期すなら、「氷点下でもっとも安定しているH_2Oの状態は固体＝氷」というべきなのでしょうけど）。

これに対して、「お湯」は、H_2Oについて、MECEになっていません。その理由は、人によって、32度くらいのH_2Oをお湯という人もいるでしょうし、32度くらいなら水と感

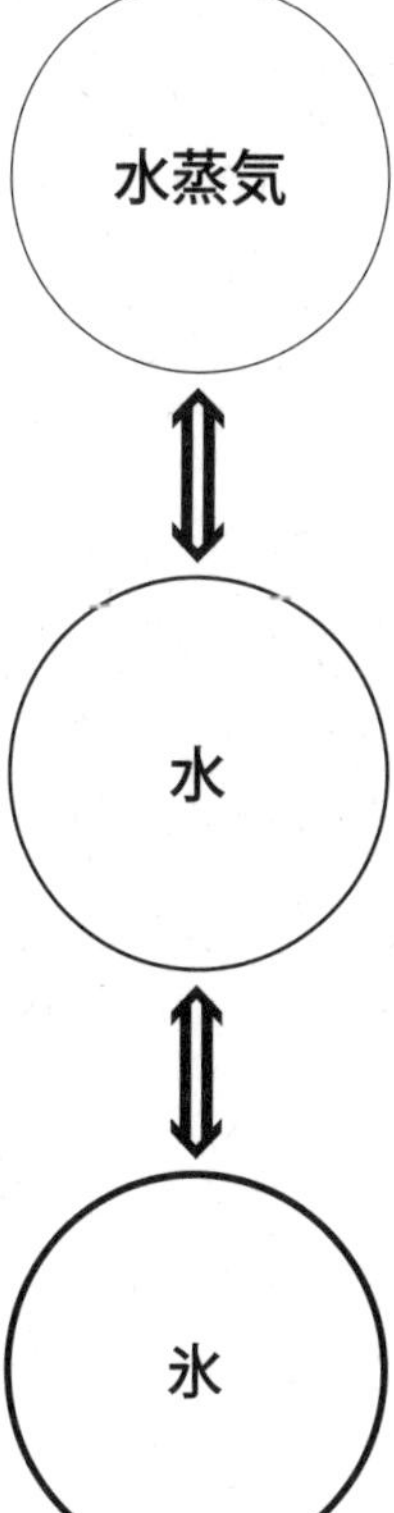

じる人もいる、と予測されるからです。

ＭＥＣＥとは、このように「漏れがなく、ダブりもなく」となっていること全般を表すのです。思考するとき、または、問題が発生してそれを解決しなければならなくなったときは、**まず、考える対象や問題点などをＭＥＣＥに分解することを、心がけましょう。**それだけで、現状分析に役立ち、迅速に対応策を考えることができるようになるはずです。

論理思考力を構成する３つの思考力

それではＭＥＣＥを使って、論理思考力と水平思考力それぞれをさらに分解して、もっと詳しく説明をしましょう。

アスリートがよく「トレーニングするときは鍛えたい筋肉を強く意識するようにしている」と言ったりしますが、頭のトレーニングもまったく同じこと。トレーニング内容への理解を深め、どんな思考力が必要なのかを、より明確にしておけば、効率的に鍛えることができるでしょう。

では、さっそく、論理思考力からいきましょうか。

論理思考力は、3つの思考力に分けて考えることができます。**その3つとは、「法則力」「当てはめ力」「数字力」**です。

この3種類の思考力は、MECEの関係になっていて、それぞれ独立した思考パターンを持っているのです。ちなみに、第4章からはじめる、それぞれの思考力を鍛えるためのパズルも(もちろん、携帯サイトのパズルも)、きちんと分類されています。

「法則力」――さまざまな現象やデータを分析して法則を発見する力

「法則力」には、ベースとなっている思考法があります。それは、「帰納法《きのうほう》」と呼ばれています。帰納法の創始者は、16世紀から17世紀にかけてイギリスで活躍した哲学者、フランシス・ベーコンと言われています(ちなみに、ベーコンは「知は力なり」という言葉でも有名です。現代にも通用する名言ですね)。

帰納法とは、さまざまな現象やデータを分析して、法則を見つけ出す思考法です。おもに、自然科学の分野で使われる思考法で、科学史に残る有名な法則の発見は、帰納法を抜きにしては考えられません。

ニュートンが、リンゴが木から落ちるのを見て「万有引力の法則」を発見したことは(後世の作り話という説も有力ですが）、小学生でも知っているでしょう。

そのニュートンが、万有引力の法則のヒントにしたと言われている、「ケプラーの法則」を発見したケプラー（ベーコンとほぼ同じ時期に生きていました）もそうです。彼は、地球を含めた惑星が、太陽を中心（厳密には、2つの焦点のうちの1つ）にして太陽の周りをまわっているという法則（ケプラーの第1法則）を、太陽や惑星の観測記録を分析して、発見しました。

このように、さまざまな現象やデータを分析して↓そこに存在する法則を見つけ↓理論化する、という帰納法は、自然科学の発展に大いに貢献してきました。そして、私は、帰納法を「法則力」として、論理思考力における思考力のひとつととらえて、脳力UPすべきと思っているのです。

なぜなら法則力は、自然科学だけに使われる固有の思考法ではなく、いろいろな分野で応用されているからです。

たとえば、現代の金融における投資理論にも使われています。株式や債券といった金融商品の値動きなどに関する、過去から現在に至るまでの膨大なデータを集め、それを分析することによって、金融市場の法則を見つけ出す努力が行われてきました。

そして、分析する過程で得られた法則によって、今後起こりうる事態を予想し、もっとも利益が出るように、金融商品に投資をしていくわけです（ここでは、法則力は「統計学」として応用されているといえます）。

脳をつねにアイドリング状態にする

法則力はヒット商品を生み出します。市場の変化を観察して、まだ誰も発見していない法則があることに気づくことができれば、大きな利益を上げることができます。

1970年代末、ソニーの『ウォークマン』の開発陣のひとりは、ある日街を歩いていると、大きなラジカセを持ちだして、音楽を聞いている人を、多数見かけました。この光景を目の当たりにして、小さくて持ち運びに便利な音楽を再生できる装置を作ったら、若者には売れるのではないかと考えたといわれています。当時、幸いにも、小型化する技術がソニーにはありました。その後、製品化されたウォークマンが、日本のみならず、世界的に大ヒットしたことは、みなさんご存じのとおり。**法則力においては、いかに、精度の高い法則を見つけ出すかが、決定的に重要となる**のです。

しかし、ここでちょっと、こんな声が聞こえてきそうです。

「法則力が大切なのはわかったけど、それを発見する力は、生まれつきの才能によるのではないのか？　トレーニングするといっても、鍛えるには限界がある」……。

この意見に共感する方も多いでしょうが、正しくはありません。そこで、なぜニュートンが、リンゴが木から落ちる光景を見て万有引力の法則を発見することができたのかを、考えてみたいと思います。

当然、ニュートン以前にも、リンゴが木から落ちるところを目撃した人は、何人も、それこそ何百万、何千万人もいたはずです。しかし、万有引力の存在に気づくことができたのは、ニュートンだけでした。

その理由は、ニュートンが、まだ判明していなかった「引力」のようなものが、自然界に存在しているに違いないと、考えていたからです。それこそ、一日中、考えていたようです(万有引力の法則はトイレでひらめいた、という説もあります)。そのため、木からリンゴが落ちるという、きわめてありふれた光景によって、大発見に至ることができたのです。

ここで**重要なのは、「考え続ける」という行為**です。

歴史上の発見というのは、考え続けているうちに、ふとしたキッカケによって、ひらめいたものが少なくありません。公衆浴場で、お風呂につかろうとしてお湯があふれた光景を見て、「アルキメデスの原理」の発見をしたアルキメデスや、乳しぼりの女性を見て「免疫反応」を発見したジェンナーなど、枚挙にいとまがありません。

これは、脳科学的に証明されていることなのですが、1つの問題を考え続けていると、**脳は、まるで車のエンジンのアイドリング状態のようになって、その問題について、意識して考えていないときでも、無意識のうちに考え続けるようになるといわれています**。その結果、ふつうの人なら見過ごしてしまいそうな小さな出来事でも、その重要性に気づくことができる、というわけです。

つまり、私たちも、一生懸命考え続けていれば、重要なことに気づくことができる可能性が高くなるのです。そして、日常生活のちょっとしたスキマ時間にも考え続けるために、この本では、さまざまなパズルを用意しているのです。

「当てはめ力」――法則を適用して答えを導き出す力

次に説明する「当てはめ力」は、人間の歴史上、もっとも古くから理論化された思考法といわれています。

先に説明した帰納法とともに、人間の二大思考法と呼ばれたりしますが、その起源は、帰納法よりもはるか昔のこと。当てはめ力は、紀元前の古代ギリシャの哲学者・アリストテレスが考えだした「演繹法《えんえきほう》」という思考方法をベースにしています。

演繹法は、現代の「論理学」といわれる学問の土台となったもので、その代表的な応用例に、「三段論法」があります。三段論法とは、「大前提」「小前提」という2つの命題の組み合わせで、結論を導き出すものです。

有名な三段論法としては、「人は必ず死ぬ」（大前提）→「ソクラテスは人である」（小前提）→「だから、ソクラテスは必ず死ぬ」（結論）があります。

この三段論法では、「人は必ず死ぬ」という法則を当てはめて、結論を導き出していますが、このように、**法則をきちんと問題に適用して、結論を出せる力が、論理思考力における当てはめ力**となります。

データや現象だけがわかっていて、そこから法則を導き出す法則力（帰納法）とは、まったく正反対の思考法になります。

ビジネスのセオリーを目の前の出来事に当てはめる

いきなり時代は紀元前から大きく飛ぶのですが、最先端のビジネスを、この当てはめ力を使って分析してみましょう。

ビジネスの世界でいわれるところの法則（「セオリー」ともいったりしますが）のひとつに**「成熟市場を対象とする業界は再編が進む」**というものがあります。

新規ビジネスあるいは産業が生まれると、その市場が成長していくにつれ、先行する企業を見て、同じように儲けようと新規参入してくるライバル会社が次々に現れます。すると、競争が起き、消費者に対しては価格の引き下げなどといった形で利便性が向上し、ますます市場が拡大するという好循環が生まれます。

しかし、市場は、ある時期をすぎて、一定の段階に達すると、飽和状態に突入し、成熟市場へと変化します。すると、これまでライバル同士だった会社の合併や買収などが始まり、いわゆる業界再編が起こってくるのです。

この法則どおり、業界再編が、もうまもなく起きるであろうと予想されているのが、携帯電話業界です。

携帯電話業界は、大手3社に追随する形で、データ通信に特化したり、企業向けサービスに特化したりする事業者が登場しましたが、どこも伸び悩んで、利益があがりにくくなっており、まもなく、業界再編が起きると予想されています。

実は、携帯電話の前に、すでにPHS業界に再編が起きました。当初、3事業者でスタートしたPHS市場でしたが、ユーザーを携帯電話に奪われるに従い、1社減り、また1社減り……と、現在はウィルコムと、関西地方でデータサービスに特化したケイ・オプティコムしか残っていません。

このように、ある法則を当てはめることで、的確な業界分析も可能となるのです。

経営コンサルタントには、こうした法則をできる限り覚えて、いろいろなケースに当てはめる力が必須となります。当てはめ力を身につけると、**話す内容に、グンと説得力が増します。会議や議論などでは、ディベートの強さを発揮できるようになる**でしょう。

「数字力」——小学生レベルの計算力で十分

論理思考力の3番目は、「数字力」です。この数字力は、すでに説明した、法則力や当てはめ力とは、思考力のタイプが少し異なります。

法則力と当てはめ力を、「文系論理力」とすると、数字そのものを分析対象とするため、「理系論理力」となるからです（これでMECEになっています）。

ただし、数字を分析対象とするといっても、複雑な数学的な問題ではありません。必要となる計算力は、小学生レベルで十分です。

しかし、この**数字力は、現代のビジネスパーソンにとって、ますます重要性が増している**といえるでしょう。経営者やマネージャークラスだけでなく、現場のビジネスマンひとりひとりが、経営者的視点に立って、現場で起きた問題に対処しなくてはいけないケースが増えているからです。そして、それは、どうすれば利益を出すことができるのかをつねに意識して、ビジネスを行っていくことにつながっているのです。

数字力の威力

ここで数字力の大事な特徴を説明しておきましょう。数字力は、その言葉のイメージから、1つの絶対的な正解を導き出すような力を連想しやすいですが、そうではありません。**いろいろなものを相対的にとらえ、公正に比較することを可能にする力**なのです。

ふつう、数字を分析するというと、あいまいさを許さない○か×かのような思考を思い浮かべがちですが、そうではなく、数字で表すことで、AとBの手段があるとしたら、そのどちらがより効果があるのかを客観的に比べられるようになります。具体的な例でみてみましょう。

ここに、あるレストランの経営者がいるとします。

そのレストランの客単価を5000円とします。その客単価のうち、その店のコスト（料理の材料費やコックの人件費、店の家賃など）を4000円とします。つまり、客1人当たり1000円の利益があるわけです。また、顧客の来店頻度の平均を月1回とします。

そして、このレストランは、新規顧客開拓のために、店の宣伝をしようと考えています。宣伝といっても1店舗のレストランです。かけられる費用を考えると、宣伝方法は、新聞の折り込みチラシか、地元のタウン誌への広告掲載あたりが、現実的な選択となります。

そこで、この2つの宣伝方法の費用と効果を比べていきましょう。

新聞の折り込みチラシは、全部で1000軒に配られ、1軒1枚当たりの費用は印刷費込みで100円です。トータルの宣伝費用は10万円です。

以前、似たような規模のレストランが、この折り込みチラシで宣伝したところ、そのチラシを見て来店した人は、1000軒配って100人でした。つまり、折り込みチラシの新規顧客獲得の効果は100人で、それに必要な費用は10万円、ということは新規顧客1人当たりの獲得コストは1000円となります。つまり新規顧客は増やせるものの、利益の増加には結びつかないことがわかりました。

一方、発行部数1万部のタウン誌への広告掲載は5万円かかります。こちらも同種のレストランが広告を出したときの効果は、1ヵ月で70人の新規顧客が獲得できたそうです。したがって、タウン誌への広告掲載の新規顧客獲得のコストは5万円÷700人で、1人当たり約700円となる計算で、折り込みチラシの1人当たり1000円よりも割安となることがわかります。タウン誌で宣伝すれば、店の利益を増やすことにつながる計算です。

つまり、**数字力があると、効果を数字で測定することができる**のです。これは、ちょっと難しく言うと、「費用対効果を考える」ということです（費用対効果を英語で言うと、「コストパフォーマンス」です）。

もし数字力がなければ、今回のケースはどうなったでしょう。

おそらく、「新聞のほうが各家庭に配られるから、結果として多くの人の目に触れるはずだ」とか、「タウン誌のほうが店のイメージアップにはよい」といった、**あまり根拠のない憶測や印象批評だらけで雑談のような議論に陥ってしまう**のではないでしょうか。

そんなとき、数字力があれば、数字で比較をすることができます。もし、選んだ答えで結果が出なかった場合でも、間違いを客観的に検証することが可能です。

数字力とは、こうした思考力のことを指すのです。

これを、現在のテレビCMに当てはめると、どうなるでしょう。つまり、「テレビCMは、企業にとってコストパフォーマンスはどうなのか？」という問題です。

もし、テレビCMを出している企業が、その商品の利益率やCMによる販売効果を冷静に数字力で分析すれば、すぐにわかります。

水平思考力――直感や想像、新しい組み合わせから正解を導き出す力

論理思考力と同じく、水平思考力も、「否定力」「展開力」「試行力」の3つの思考力に分かれます。

ただし、論理思考力の「法則力」「当てはめ力」「数字力」が、並立の関係でMECEだったのとは違い、水平思考力の3つの思考力は、「否定力」→「展開力」→「試行力」という、過程（プロセス）においてMECEになっています（MECEのパターンについて説明した水＝H_2Oの例を思い出してください。35ページ参照）。

つまり、**「否定力」からスタートし、「展開力」を経て、「試行力」に至ったところで、水平思考力は完結する**わけです。

もう1つ付け加えておきますと、この3つの思考力によるMECEは、〝勝間オリジナ

ル〟とでもいうべきもので、一般的に認知された思考法ではありません。

というか、そもそも水平思考力というのは、1960年代末に、エドワード・デボノという研究者が、唱え始めたものです（デボノは「ラテラル・シンキング」と呼んでおり、「水平思考」はその直訳です）。つまり、ごく最近、生み出された概念なのです。

したがって、水平思考力については、いろんな人がいろんな解釈をしているのが現状なのですが、私は、この3つにMECEするほうが、わかりやすく、現実のビジネスにおいても、有効であると考えています。

それでは、さっそく、否定力から説明していきましょう。

「否定力」——常識を疑い、否定することで正解を見つける力

この第2章の冒頭で、「水平思考力とは、考える枠組みを広げていく思考法である」と述べました。考える枠組みを広げていくために、有効かつ確実な手段として考えられるのが、**常識を疑い、それを否定すること**です。

常識や既存の概念をもとに考えているだけでは、なかなか枠の外に出ることはできません。水平思考力とは、まず、常識を否定すること、つまり否定力からスタートする、と覚え

てもらっていいでしょう。

　では、否定力を使うと、いったいどんな成果が上がるのか？　具体的な、ビジネスの成功例を引き合いに出してみましょう。

常識を否定するとヒットが生まれる

　メガヒット番組が生まれにくくなっている、といわれている昨今のテレビ業界にあって、年間平均視聴率24・5％とダントツの人気を集めたのが、2008年のNHK大河ドラマ『篤姫』でした（過去10年の大河ドラマの中で最高だったそうです）。この**『篤姫』こそ、従来の大河ドラマの常識をことごとく否定した内容を持っていた**のです。

　テレビが長期低落傾向で、しかも、「幕末・維新もの」は成功しないというのが常識だったそうですが、いったいなぜ『篤姫』は、大ヒットしたのでしょうか？

　それは、宮﨑あおいさんが演じた主人公・篤姫のキャラクター設定に端的に表れています。囲碁を打っても男勝りで、向上心の強い篤姫は『大日本史』といった歴史書を読んで学習し、目の前の難題を自分の力で解決していこうとします。

　実はこの**「本を読む」というシーンに、大ヒットした秘密を解くカギが隠されている**のです。

　意外にみなさん気づいていないことなのですが、50年近く続く大河ドラマ史上、女性の主人公が、ドラマの中で本を読んだことはなかったのです。

　それまでの大河ドラマのヒロインは、松嶋菜々子さんが演じた『利家とまつ』のまつや、仲間由紀恵さんが演じた山内一豊の妻など、夫を支え内助の功を発揮する、献身的で聡明な良妻賢母タイプでした。しかし、篤姫は、自らが貪欲に知識を吸収し、リーダーシップを発揮して大奥をまとめ、激動する幕末に徳川家の存続のためにエネルギッシュに行動するのです。こうした篤姫のキャラが、変化の激しい現代において、ビジネスの最前線で働く女性管理職たちや、向上心が強くて自己研鑽に励む現場のキャリアウーマンたちとダブッてしまうのは、私だけではないでしょう。

　また、時代劇ファンが大好きな、「鳥羽伏見の戦い」や「江戸城無血開城」など歴史上の合戦シーンや名場面は、ほとんどワキ扱い。その一方で、大奥で繰り広げられる「嫁姑問題」などをクローズアップして、ホームドラマの要素を強く打ち出すなど、現代の視聴者にとって切実で身近に感じられる内容が目立ちました。その結果、女性視聴者を若い層まで拡大して大量に獲得しただけでなく、泰平の世から一転して激動期となった現在と重なる江戸末期を舞台にしたトレンディー・ドラマとして幅広い視聴者の心をつかみ、大ヒットしたということができるでしょう。

『篤姫』同様、**常識を否定することでヒットしたマンガとして『花より男子《だんご》』**があります。日本のみならず台湾や韓国でもドラマ化され、いずれも大ヒットしましたが、この**少女マンガの凄いところは、主人公を男の子にしてしまった**ことです。

『花より男子』は、一見、従来の、どちらかといえば古典的といえるような少女マンガです。セレブの子弟が集う超名門高校に、庶民の家庭で育った牧野つくしが幸運に恵まれて入学することになり、さまざまなイジメを跳ね返すうちに、いつしかその高校のリーダーである男の子たちに好かれていく、といったような典型的な「シンデレラストーリー」が展開されていくからです。

しかし、読者の多くは、牧野つくしよりも、彼女に好意を持つ、道明寺司や花沢類、美作あきらといった登場人物に感情移入してしまうのです。それぞれの男性キャラは、セレブの子弟でありながら、愛情表現がヘタクソだったり、友達に遠慮してつくしを譲ったり、さらにはつくしの心を射止めた男子を応援したりと、「表向きは強がっていたり、ハデに遊んでいても、内面は純情」といったキャラクターに造型されているのです。これはまさに、従来型の少女マンガの女性主人公そのものの設定といえるでしょう。

もはや、少女マンガ読者たちは、通俗的な女性キャラには飽きてしまい、ファンタジーを託せなくなっていたのだと思います。そうした潜在的なニーズに、女子ではなく男子を主人公にするという〝掟破り〟な方法で、『花より男子』は応えたというわけです（**『花より男子』以後、男の子を実質的な主人公とする少女マンガは急増しました。これが、世にいう、〝イケメンブーム〟とシンクロしている**わけです）。

実際、日本、台湾、韓国では、『花より男子』のドラマや映画に出演した男性俳優たちが爆発的な人気を呼び〝花男現象《はなだん》〟というブームが起きました。とくに、ドラマの視聴率が30％を超えた韓国では、出演俳優たちに自分の顔を似せるため、俳優たちの写真を持って美容整形医院に行く若い男性が急増した、というエピソードがあるほどです。

『篤姫』『花より男子』と続くと、女性読者は共感大だと思いますが、男性読者にはピンとこないかもしれません。そこで、男性読者にもわかりやすい例を挙げましょう。『機動戦士ガンダム』です（以下『ガンダム』とします）。

『ガンダム』が否定した常識とは、「ロボットアニメは子供向け」というものです。

最初の放映は1979年で、すでに『ルパン三世』や『宇宙戦艦ヤマト』のヒットでアニメの社会的な認知度は高くなっていましたが、ロボットが登場する「ロボットアニメ」は小学生をメインターゲットとしていました。アニメ番組のスポンサーは玩具メーカーであることが多く、キャラクターグッズを子供に売りたいスポンサーの要請でもあったのです。

しかし、『ガンダム』は、当初より、大人向けのロボットアニメを作ることを目的として制作されました。主人公であるアムロ・レイの内面を描き、彼が社会的に成長していく姿を物語のテーマとしていたのですが（これは『鉄腕アトム』以来の普遍的なモチーフ）、同時に、**少年マンガの王道であった、「正義の味方vs.悪者」という二項対立を否定した**のです。

敵役のシャア・アズナブルにも正義があることを描き、「正義には絶対的なものはなく、その人間が置かれた立場や状況によって変わる」というメッセージを真正面から描きました（このあたりは、男性読者のみなさんのほうが詳しいかもしれませんね）。

加えて、「モビルスーツ」というロボットを、兵器としてリアルな整合性を持たせて描き、SFファンや戦車や戦闘機などが好きなミリタリー・ファンを取り込むことにも成功したのです。その結果、『ガンダム』は、小学生よりも圧倒的な購買力を持つ大人が楽しめるロボットアニメとなり、新たなマーケットを作り出し、プラモデルなどの関連グッズは、記録的な大ヒットとなったのです（ガンダム関連のプラモデルは「ガンプラ」と呼ばれ、約30年にわたって売れ続けています。**「大人買い」という現象も、ガンプラから始まった**ような気がします)。

織田信長も使った否定力

ここでちょっと時代をさかのぼって、否定力が威力を発揮したケースを紹介しましょう。先に、水平思考力は、最近生まれた概念だ、と言いましたが、概念化されたのは最近で、その思考スタイルそのものは昔からあったことがよくわかる好例です。

この話の主人公は織田信長です。みなさんは、織田信長がやり遂げた歴史的な偉業で、何を覚えていますか? いくつか思い浮かぶと思いますが、ここでケーススタディとして取り上げるのは、「楽市《らくいち》・楽座《らくざ》」です。

楽市・楽座は、だいたい、16世紀あたりから始まった経済政策といわれています。その政策の狙いは、経済的な利益を独占していた大商人や工業者たちの力を弱めることにありました。

当時の商工業者たちの一部は、独占販売権などのいろいろな特権を持ち、既得権益を拡大させていました。そこで信長は、その既得権を撤廃し、新規参入を容易にして、誰でも商売ができるようにしたのです。その結果、域内の経済を活性化することに成功したのです（まるで、現代でも通用する〝規制緩和〟の話です）。

信長が優れていたのは、既存の商工業者の力を弱めるために、新しい商工業者を増やしたことです。ふつうなら、武士を脅かしかねない力を持っている集団については、減らそうと考えるものですが、**その常識的な考えを否定して、逆に数を増やして、個々の持っている力を減少させることを考えた**のです（楽市・楽座自体は、織田信長以前からも中世の門前町などで行われていたようですが、近畿地方を中心に、大々的な政策として採用したのは信長が初めてです）。

どうですか？　こうした視点で歴史を振り返ってみるのもおもしろく、また新たな発見があるかもしれません。

「展開力」──常識を否定した上で新しい思考を広げる力

続いて、展開力に移りましょう。水平思考力は、プロセスでMECEとなっているため、展開力は、否定力を発揮したあとの力となります。

単に、常識を否定しただけでは、新しいビジネスは生まれません。否定した常識に代わる、**新しいアイディアを思いつかなければ、ビジネスとして成立しないのは明白**です。したがって、展開力は、水平思考力のプロセスの中でも、もっとも創造性が必要とされる力、といえるかもしれません。

では、展開力が発揮されたケースをお話ししましょう（ここでひとつお断りをしておきましょう。水平思考力の3つの要素が、プロセスでMECEとなっていることは、しつこいぐらい述べているとおりです。したがって、水平思考力によって成功したビジネスのエピソードはどれも、多かれ少なかれ、3要素をすべて含んでいます。そして、展開力の項で紹介するのは、3要素の中でも、特に展開力が発揮されたと考えられるケースです。これは、他の2つの思考力の項で紹介するケースでも同様で、それぞれ、否定力が強く発揮されたケース、試行力の要素がもっとも強かったケース、ということで紹介をしています）。

ジョージ・ルーカスの「先見の明」

紹介するのは、ジョージ・ルーカスのエピソードです。

ジョージ・ルーカスが『スター・ウォーズ』を完成させたとき、映画やその後のビデオ化といった映像そのものにかかわる版権は、ほぼすべて映画会社に譲ってしまいました。その代わりに、ルーカスは、関連グッズの版権を獲得したのです。

その当時は、映画の関連グッズといえば、ノベルティくらいしかなかった時代です。巨額の映像収入からみれば、二束三文の関連グッズの版権については、映画会社はまったく興味がなく、あっさりと、ルーカスは獲得に成功しました。

その後は、どうなったのでしょう？　映画は空前の大当たりをして、記録的な興行収入を稼ぎましたが、映画として初めて製造・販売した登場キャラクターのフィギュアなど関連グッズの売り上げによる利益は、映画の配給収入を凌駕《りょうが》するような規模となったのです。

ルーカスは、監督の収入は、映画の配収の一部だけ、という常識を否定し、それに代わり、関連グッズを売ることで利益を得る、というアイディアを導入したのです。

映画は、キャラクターグッズを販売するためのプロモーションビデオとして機能するようになる、とルーカスは見抜いていたのです。これは、映画監督としての手腕に勝るとも劣らないルーカスの才能といえるでしょう。

もう1つ、最近の例を紹介しましょう。

'07年に、日本マクドナルドから発売された『メガマック』です。

ファーストフードのハンバーガーは、そのカロリーの高さなどから、ヘルシー志向の強い昨今の状況では消費者から敬遠されてもおかしくない商品でした。

しかし、そんな先入観を否定し、マクドナルドでは、ボリュームのあるハンバーガーだった『ビッグマック』を、はるかに上回る食べごたえのメガマックを登場させたのです。

しかも、メガマックは、使われる具材や味付けなどは、従来のハンバーガーと本質的には変わりません。これは、**余計なコストをかけずに、メニューのラインナップを増やすことに成功したことを意味します**。もし、今後、売れ行きが落ちたとしても、大きな打撃にはなりません。見事な展開力といえるのではないでしょうか。

「試行力」——無関係に見える物事を組み合わせて正解を得る力

水平思考力の最後の要素が試行力です。試行力とは、否定したあとに、いろいろと考えだされたアイディアを、どんどん組み合わせていく力です。

ITが急速な発達を続ける昨今、世の中には情報があふれかえっています。一見、画期的でオリジナルな意匠《いしょう》だと思えるものでも、誰かがすでに考えていた、などということは珍しくありません。もはや、**純粋に新しいアイディアなどというものは存在せず、すでにある技術や発想を組み合わせることが新しいアイディアの創出であり、それを組み込んだものが新**

しい商品として受け入れられているのが現状ではないでしょうか。

今のビジネスで必要とされるのは、次々と新しい組み合わせを考え、それを商品化・サービス化していく力なのです。

そうした力が発揮されたケースを紹介しましょう。それは、缶コーヒー市場です。

缶コーヒーは、'80年代から'90年代にかけて、飲料メーカーの主戦場でした。先発のUCC、ポッカの安心感や信頼感、後発のビール系メーカーのコーヒー豆の品種や製法と言った品質に焦点をあてた商品戦略の中で、『ジョージア』は、清涼飲料メーカーナンバーワンの日本コカ・コーラのブランドでありながら、苦戦していました。

そこで、コカ・コーラは、缶コーヒーが、いったいどんな人たちにどういう理由で飲まれるかを分析しました。その結果、意外にも**「ホワイトカラーのサラリーマンが仕事でひと休みするときに飲む」ケースが多い**ということを発見したのです。つまり、缶コーヒーは「ほっとしたいときに飲む」ものだということがわかったのです。

そこで、**「男のやすらぎ」というコンセプトで飯島直子さんや安田成美さんという〝癒《いや》し系《けい》〟の女優をCMに起用**、また、味についても、本格的な味であることをうたうよりも、甘みを強くして疲れを癒すようにしました。この戦略は、競合メーカーの本格派コーヒー路線からみれば明らかに邪道です。

しかし、このキャンペーンは大当たりしました。つまり、ジョージアは、従来の缶コーヒーの常識を否定（否定力）、市場調査によって「本格派」を脱し、まったく別の「缶コーヒー」をめざして（展開力）、「味」という機能だけでなく、そこに**「やすらぎ」という感情にまで訴える商品要素を加えることに成功**（試行力）、**新しい市場を作ったわけです**。

この話には後日談があります。後発ながらシェアを確実に伸ばしていたサントリーの『BOSS』は、コカ・コーラよりも前に、缶コーヒーが短い休憩時間に飲まれることに気がついていて、甘みを強化したコーヒーを出していました。しかも、矢沢永吉のとんがったCMで一定のファンを囲い込んでいました。CMにほとんど登場したことのない矢沢永吉を起用したこともあり、この強烈なキャラに勝てるタレントはなかなかいませんでした。ところが、ジョージアがあえて逆の路線を狙って、癒し系の女性タレントを投入した結果、矢沢永吉の強烈なイメージにちょっと引いていた缶コーヒー愛飲家がジョージアに一気になだれ込んだのです。この点でも、ジョージアは試行力を発揮したことになります。

この結果、缶コーヒーは、ジョージア、BOSS二強時代に進んでいくことになりました。

iPhoneは〝試行力の塊〟

また、アメリカのアップル社の世界的なヒット商品である『iPhone』も、試行力によって生み出された商品といえるでしょう。

iPhoneは、IT機器に詳しくない人には、新しい機能満載の斬新で画期的な商品に見えるかもしれません。しかし、実はiPhoneは、既存の機能をひとつの端末に盛り込んだだけの商品なのです。

しかも、その機能とは、アップルが以前発売してまったく売れなかった『ニュートン』という情報端末に原点を見出すことができるのです。それどころか、ニュートンのほうがアイディアとしては先端的だったとすらいえます。**そのニュートンが、洗練されたデザインをまとってiPhoneとして生まれ変わった**、というわけです。

もともと、アップルの社長であるスティーブ・ジョブズは、ヒット商品を生む天才として名高く成功も多いのですが、失敗もまた多いことで知られています。しかし、**その失敗にめげず試行を繰り返すことで成功にたどりつく能力の高さ**を持っています。つまり、スティーブ・ジョブズは、もっとも高いレベルの試行力を持つビジネスマンのひとりだといえるかもしれません。

立体思考力を身につけるには「頭のよくなるパズル」を解け

さて、ここまで、論理思考力と水平思考力を構成する、3つずつ合計6種類の思考力を、それぞれが存分に発揮されたエピソードをまじえながら説明してきました。

ただし、思考力の中身を理解しても、それが身についたことにはなりません。**思考力は、実際に自分の頭で考え、それを実行に移すことでしか、養成することができないものなのです。**

みなさんはこれまで、思考力に関する本を読んで頭がよくなったと思ったことが、何度かあったのではないですか。でも、それはそのときそんな気がしただけのこと。数日経てば、そんな気分もどこかに消えてしまいます（学校の試験のときに、他人のノートのコピーをとっただけで、なんとなく勉強したような気分になるのと似ているかもしれません）。

私が、かつて所属していたコンサルティング会社では、自分の頭で考えることを徹底的に教わり、それを毎日実行するように指導されました。しかし、経営コンサルタントのような環境にいない人は、自分の頭で考え、それを実践するといっても、なかなか難しいでしょう。

そこで、**ビジネスに役立つパズルを自分の頭で解いてみる、というトレーニングが必要と**なってくるのです。

次章で詳しくお話ししますが、私は子供のときから『頭の体操』といったパズルやクイズの本を読むのが趣味でした。そういった娯楽に接し、たくさん本を読むことで思考力が養われ、実際のビジネスに役立った経験もあります。

たかがパズルとバカにすることなかれ。まじめに（?）楽しく取り組めば効果が上がることは、実体験者である私が保証します。

第3章 勝間和代の立体思考力が出来上がるまで

パズルで人生が変わった!?

この章では、第1章および第2章と趣を変えて、私の個人的なお話をしたいと思います。

それは、私とパズルとの関わりです。

この本を執筆しようと考えた、強い動機のひとつに、「パズルは私の人生に大きな影響を与えてきた」という実感があります。ちょっとおおげさですが、**「パズルで私の人生が変わった」**とさえ思えるのです。

それはいったい、どういう経験だったのか——子供時代にまでさかのぼって、順に、お話ししていきましょう。

記憶に残っている、家族と遊んだ最初のゲームは「トランプ」です。「七並べ」「ナポレオン」「ブラックジャック」「ポーカー」などなど、小学校に上がるか上がらないかの子供にしては、ずいぶんとませたトランプ遊びをしていたものですが、不思議と、「ババ抜き」や「神経衰弱」をやった記憶が、あまりありません。

私が生まれたのは1968年。小学校に入学したのは'75年です。まだ、テレビゲームの影も形もなかったころで、当時、家の中で家族と遊ぶものの代表と言えば、トランプでした。

小学校の低学年のときに、はじめて「なぞなぞ」とはひと味違う、論理パズルやクイズに出会いました。心理学者の多湖輝《たごあきら》さんが書いた『頭の体操』シリーズ（光文社刊）です。20代の方々は、馴染みがないかもしれませんが、大ベストセラーとなったパズル本で、何巻も刊行されました。たぶん、親か姉が買ってきたと思われるのですが、この本のシリーズがずらりと家の本棚に並んでいて、自然と手に取ったのです。

小学生時代のバイブル『頭の体操』の問題から

最初に読んだときから、グイグイと引き込まれていきましたね。

小学生にすぐ解けるような問題はあまりなく、読み始めたころは、まったく正解が思い浮かびませんでした。しかし、**シリーズ第2集、第3集と読み進めていくうちに、「あ、この問題は、前に似たような問題があったな」と気づくようになり、だんだん問題のパターンがつかめるようになっていきました。そして、第4集、第5集めあたりから、正解できる問題も、ちらほら出てくるようになった**のです。

ちなみに、なんと『頭の体操』は、第23集まで出たのですが、ここで、初期シリーズから1つ、印象深い問題を紹介しておきましょう。

問題　詩はありのままの心をうつし出す鏡のようなものだが、からだや顔をうつす鏡のほうは、つねに真実をうつすとは限らない。現に、鏡を二枚平行に立て、その間に人が立つとたくさんの像が一列になって映る。では前後、左右、上下にすきまなく内側に向けてはりつめた鏡だけの立方体の小部屋に、裸の人が入ったら、どのように見えるだろうか。（『頭の体操』第5集より）

みなさん、この答えはわかりましたか？　正解は、「すきまなくはりつめれば光が入らず、何も見えない」です。

そして、この問題に関しては、こんな解説が付け加えられています。

〈「前後左右上下に無数の像が……」と考えられた方もいると思う。量の問題は、場合によっては、突然、質の問題に転化する。ここに思考上の落とし穴がある。（後略）〉

『頭の体操』は、ひねりの利いた設問もさることながら、問題文の意味ありげな言葉づかいや、なるほど！　とうならせる解説に、独特の雰囲気があります。いつも、わくわくして読んだことを、覚えています。こんなことも本の魅力にくわわりベストセラーとなったのではないでしょうか。

得意なのは“クイズ科目”で、苦手は暗記

小学生の私は、科目の得意・不得意がはっきりとしていました。算数や理科などの、問題文がヒントとなっていて、その場で考えれば正解にたどりつけるものが好きでした。当然算数や理科は成績もよく、まさに「好きこそものの上手なれ」といったところでしょうか。

一方、苦手な科目といえば、社会。なぜかというと、暗記がダメだったのです。その理由は明白でした。なぜ、暗記をしなければいけないのかが、納得できなかったのです。忘れたりわからなくなったりすれば、正しいことが書いてある本を読めばすむことじゃないかと考えていたのです。

ちょっと気が引けるのですが、ここで自慢話のようなものをさせてください。

小学4年生のときに、有名進学塾の入塾試験を受けたのです。難関として有名だったところなのですが、入試用の受験勉強をまったくしなかったのに、合格したのです。しかも、全国約1万人中、100番以内に入りました。

いま、まったく勉強しなかった、と言いましたが、事実は少し違うかもしれません。**なぜなら毎日、せっせとパズルやクイズを解いていた**のですから。その試験では、暗記ものではなくて、思考力を試す問題がとても多かったのです。私にとって、**パズルやクイズを解くことが、最高の受験勉強になっていた**可能性が高いといえるでしょう。これが、パズルによって私の人生がいい方向に進んだ最初の経験と思われます（ただし、断っておきますが、漢字の読み書きなど暗記ものは本当に苦手でした。いまの私は、仕事などでお会いした人の名前が覚えられなくて、いつも困っています）。

興味はパズルからパソコンへ――中学・高校生時代

『頭の体操』シリーズが、ベストセラーとなったため、似たようなパズルあるいはクイズ本がたくさん刊行されました。その中でも、印象に残っているのは、『メンサの天才パズル』です。私は中学校に入っても、そういったパズル本をよくトイレで読みふけっていました。トイレって、落ち着くし、中にいる間は、ほかにすることがないし（？）、ヒマじゃないですか。

論理パズルは、トイレのヒマつぶしに最適だったのです。

ところが、しばらくすると、あれほど夢中になっていたパズルとの間に少し距離が生じます。新たな親友（あるいは恋人？）となるパソコンと出会ってしまったからです。

中学に入学した'81年は、パソコンはまだ「マイコン」と呼ばれていました。私が通っていた中学には、「数学研究会」というクラブがあったのですが、そのクラブの実態は〝パソコン同好会〟だったのです。

パソコンにはすぐにハマりましたね。自分でプログラムをして、ごく単純なゲームを作ったりしました。数学研究会は20人ちょっと所属していたと思いますが、男子が大半で、女子は、私を入れて、3～4人だったと思います。

中学を卒業して、エスカレーター式に高校に進学したのですが、そこでも「電子計算機研究会」に入部し、ますます、パソコンに熱中していきました。お昼休みになると、さっさと昼食を済ませ、すぐに部室に直行しプログラムを始めるといった具合です。

学校ではそんなふうに過ごしていましたが、家ではパズル本を読み続けていました。『頭の体操』の新刊が発売されたり、おもしろそうなパズル本を見つけると必ず買って、家で読んでいました。本を読む場所は、もちろんトイレです。

テレビのクイズ番組もよく見ていました。その頃は、『タイムショック』とか『アップダウンクイズ』といった、雑学・知識はもとより論理的な思考力を試す、〝硬派〟なクイズ番組が大人気でたくさんありました。私の一家もみんなで正解を考えながらよく見ていました。

全盛期のクイズ番組では、よく「早押し問題」がありました。問題のアナウンスが流れはじめるやいなや、いかに早く、その問題の全体の内容を予想して、答えを言い当てるかを競うのです。

これは、いま考えてみると、論理思考力の「当てはめ力」を試すような問題だといえるのではないでしょうか。その番組が出す、問題と解答のパターンがひとつの法則となっていて、その法則を、新しい問題にいち早く当てはめた人が勝ち、となるからです。

現在では、硬派なクイズ番組はほとんど消えてしまって、児玉清さん司会の『パネルクイズアタック25』くらいしか見当たりません。クイズ番組大好き人間としては、ほんとうにさびしい限りです……。

なぜ、会計士を目指したのか？

高校3年生に進級すると、ふつうなら大学の受験勉強が大変になるのですが、幸いにも付属高校でしたので、その心配や苦労とは無縁でした（このあたりのことは本当に親に感謝しています）。

しかし、その先の将来には不安を抱いていました。

私は、姉2人に兄1人の4人兄妹の末っ子で、私が高3のときに、すでに長姉は社会人になっていました。その姉は、私が通うことになる大学を卒業していたのですが、就職や転職でとても苦労していたんですね。

男女雇用機会均等法が施行されるよりはるか前のことで、女性が総合職として働くということのハードルが非常に高かった時代です。四年制大学卒の女性は、就職や転職という面で、大変な苦労を強いられていたのです。

そんな姉を横で見ていた私は、「何か資格を手にしたほうがいいのではないか」と思い、会計士になろうと考えたのでした。

「高校3年生が、なぜ会計士を？」と首をかしげる方が多いでしょうが、じつはこの職業、私には子供のころから身近な存在だったのです。

私の父親は、プレス工場を経営していました。カセットテープレコーダーに使う部品などを製作し、大きなメーカーに納入していたのです。そのため、日頃から会計士が父親の会社に出入りしており、**父親がその会計士を相手に、売り上げが増えたといっては喜び、減ったといっては肩を落としていたりする場面を、日常的な光景として見ていました。**

また、長姉の知り合いに会計士がいて、仕事の話を聞く機会があったり、さらには、私の通う予定の大学の卒業生には会計士が多い、という話も聞いていました。

決定的だったのは、医師や弁護士、国家公務員上級試験などと比較して、いちばん勉強の負担が少なくてすむのが会計士である、と友達から聞いたことなのですが……。

そこで、さっそく高校卒業後の春休みに、同じような考えを持つ同級生たちと、まるで卒業旅行のスキーにでも行くようにワイワイ言いながら、会計の専門学校に通ったのです。当時は、そんな自分にまったく疑問を抱きませんでしたが、いま振り返ると、あまりにもしっかりした女子高生だったかもしれません。

どうして史上最年少で公認会計士の資格がとれたのか?

そんなわけで、慶応大学の商学部に進学し、会計士の勉強を続けました。

ここで、そのときに、すごく驚いたことをお話しします。

会計士の勉強は、パズルを解くことと同じだったのです。

たとえば、会計の問題の中には、バランスシート（貸借対照表）の穴埋め問題といった、試験で必ず出題される設問があるのですが、この穴埋め問題などは代表的なパズル問題の「虫食い算」そのものです。

しかも、会計の問題というのは、問題文がそのままヒントになっていたりするようなものばかりで、私にとっては、まさにパズルを解くのとおんなじ。

ところで当時はバブル真っ盛り。大学ではスカッシュ部に入っていて、いわゆる大学生らしい生活も欠かしていませんでした。懐かしくも、恥ずかしい思い出がたくさんあります。

そうした大学生活と並行して、学生のあいだで流行っていた〝ダブルスクール〟として会計の専門学校に通い、会計士の資格を取るために、本格的な勉強を始めていました。

そして、大学2年生のときに、公認会計士の1次試験を受け、合格。そのまま腕試しのつもりで2次試験を受けたら、こちらも合格して会計士補の資格を取得しました。19歳での合格は、当時の史上最年少の記録となったのです。

ここまで読んでくださった方なら、この合格には、専門学校などでの勉強に加え、小さいころから継続して、パズルを解いていたことが役立ったであろうことは、容易に想像がつくでしょう。

経営コンサルタントの仕事に役立った「立体思考力」

資格を取得した私は、大学3年生のとき、実際に監査法人で働き始めました。

働き始めてみたら、これがおもしろいのなんのって！

あちこちの企業の会計監査のアシスタントをするわけですが、私が担当するのは、その会社の社員の方の年金とか給料なんですね。なので、外から見ていてわからないことが、その会社の数字を見れば一目瞭然、意外な素顔が見えてきたりするのです。

「あの事業部はこんなに儲かっているのに、なんで給料はほとんど変わらないのか？」とか、「それほど重要な仕事ではないのに、ずいぶん人的コストがかかっているのはなぜなんだろう」などなど、いろいろ考えさせられるのです。

大学を卒業した'91年、大手の監査会社であるアーサー・アンダーセンで働き始めました。

そして、企業の決算に関することなど、少しずつ責任のある仕事を担当するようになったのですが、このときも、仕事はおもしろかったです。

'91年から'92年にかけては、本格的にバブルの崩壊が始まりだしたころで、どの会社も、決算で困るケースが増えてきました。具体的に言うと、なんとか黒字決算にしようと、バランスシートなど財務諸表をあれこれといじくるわけです。しかし、**会計士は、そうしたごまかしを見破って、きちんと正常なバランスシートに戻さなければなりません。**

たとえば、「バランスシート上、こんなに負債があって、こっちに棚卸し資産がこれだけあるのなら、どこかに費用がかかっているはずだが？」といったことを、日々、考えるわけです。そう、ここでも、パズルなのです。

こんなケースもありました。保有するゴルフ会員権が大幅に値下がりしていた企業があったのですが、ゴルフ会員権に引当金を積んでおかなければならないのに、会員権の取引手数料には、引当金を計上していなかったのです（この場合、引当金とは、その会員権の価値がなくなってしまった場合に備えて計上しておく、一種の担保のようなおカネです）。

このバランスシート上の不備を私が指摘すると、担当者は、「うっかりミスです」などと、答えたりします。経理の人なら、そんなミスをうっかりするわけがないのですが……。

最初の挫折はマッキンゼー時代に

会計士としての仕事はおもしろく、やりがいもあったのですが、次第に、金融デリバティブのトレードに興味を持ち、外資系のチェース銀行に転職しました。

しかし、チェースでは、思い描いていたような仕事に就けなかったので、3年間で退職し、今度は、経営コンサルティング会社のマッキンゼーに転職したのです。'98年、29歳のときでした。結果的に、この転職が私の人生の転機となりました。

入社当初の私は、どちらかというと劣等生でした。

マッキンゼーでは、非常に高度な英語力が要求されるため、まず、英語力に不安があったこと。さらに、さまざまな問題の分析能力について、上司などから、疑問を呈されることが多かったのです。

マッキンゼーでは、入社試験の際に、論理力を測る思考テストを実施するのですが、私の場合、その成績自体は、かなりよかったのです。しかし、なぜか、相手に伝えたいことが正確に伝わらないケースがあり、悩みました。

そこで、優秀な上司や先輩に相談をすると、当時の私には、MECE（前章参照）という視点が欠けていることが判明したのです。その後は、ひたすら、問題をMECEに分解する力を鍛えていきました。

私が、ことあるごとにMECEの必要性をアピールしているのは、それがいかに重要なものであるのかを、身をもって体験しているからです。

人生の難題もパズルを解くように乗り越える

このMECEに対する無知が、最初の挫折だとすると、2回目の挫折はもっと大きい、というか、答えを教えてくれる人が誰もいないという事態だったので、きわめて深刻なものでした。

MECEやフレームワークといった、ビジネス上のスキルを身につけるためにいろいろとトレーニングをし、その結果、着実に成果を積み上げていくことができたのですが、**32歳のときに担当したプロジェクトでは、どうしても答えが見つからなかったのです**。まさに人生最大のピンチです。

優秀な先輩にアドバイスを求めても、なかなか、説得力のある答えは聞けませんでした。みんな、私と同じような壁にぶつかってしまいます。

完全に行き詰まっていたとき、ふと気づいたのです。いま直面している難問は、かつて解いたことのあるパズルに似ているな、と。ならば、それを解いたときのように、まったく別の面からアプローチしてみようと思いついたのです。まさに水平思考力でした。

その結果、問題解決のための仕組みを作ることができ、無事、そのプロジェクトで成果を出すことができたのです。
マッキンゼー式の論理思考力では解決できなかった問題を、私が昔から慣れ親しんでいた、水平思考力を養うパズルで培った発想が、見事に解決したのです。

私が今お話ししたプロジェクトについて、簡単に解説しましょう。職務上、具体的なことを話すことができないので、ちょっとわかりにくいかもしれませんが、解決できない最大の原因は、「クライアントの問題の設定そのものが間違っているのに、その設定の間違いを修正しないで、問題を解決する」といったようなパラドックスに陥っていたことです。

これに対して、私が立てた解決策は、「こちらから間違っていると伝えるのではなくて、クライアントの経営サイドに問題設定の間違いを気付かせる」というものでした。そのために、効果的なコーチングのシステムを作り、相手を誘導していったのです。これを、水平思考力として説明すると、まず、**「コンサルティングとは相手にアドバイスすることである」という常識を否定し**（＝否定力）、**「相手に間違いを気付かせるように誘導する」と展開**（＝展開力）**していった**わけです。

パズルで養った思考力が、マッキンゼーで行われる高度な仕事でも通用するとわかったときは、驚きましたが、同時に、嬉しくもありました。

日常生活での思考力トレーニングの重要性

実は、いま紹介したエピソードを経て、私は、外資系の証券会社に転職をします。マッキンゼーでは、たしかに、実践的なビジネススキルを叩きこまれ、さまざまなノウハウを身につけることができました。

しかし次第に、物足りなさを感じるようになっていきました。マッキンゼーでは、1つのプロジェクトを3ヵ月で仕上げるようにプログラムされているのですが、裏返すと、3ヵ月に1度しか、ビジネス力を試す実践の場がやってこないのです。年間では4回しかありません。しかも、プロジェクトの途中で、新しいノウハウやビジネススキルを身につけても、そのプロジェクトが終了するまで、新しいプロジェクトには就けません。これでは、自分の成長に限界が出てきます。

たとえば、3ヵ月に1回しか試合のない野球選手というものを考えてみてください。いざ、大事な試合に出場することになっても、力が十分には発揮できないでしょう。

それならば、**もっと、実践の回数が多い職場に行こう**、と私は考えたのです。

こうした話をすると、「3ヵ月に1回どころか、いままでそういう実践のチャンスが来たことがない」という人もいるかと思います。

おそらく、この本を手にとってくれたみなさんの中で、いま、自分がやっている仕事に十分満足しているという人は、少数派だと思います。多くの人が、自分はもっと創造的な仕事をしたい、頭を使った仕事がしたい、と願っているのではないでしょうか。

しかし、そう願っているだけでは、ダメなのです。その段階で留まってしまっていては、もし、新規事業の立案や実行といった、やりがいのある仕事が自分に回ってきたときに、持っている力を存分に発揮することは困難でしょう。

そんな**チャンスに百パーセントの力を発揮するためには、ふだんのトレーニングが欠かせません**。どんなにバッティングセンスがある野球選手でも、ふだん、十分な素振りをしていなければ、試合で結果を残すことはできないはずです。そんな野球選手の素振りにあたるトレーニングが、パズルを解いていくということなのです。

通勤途中や、それこそトイレの中など、ふだんの生活のスキマ時間に、パズルを解くように習慣づけてみてください。まず、自分の頭で考えることが重要です。

思考力は、一朝一夕に身につくわけではありませんが、量をこなしていくうちに、確実に養うことができるものです。

また、パズルを解いて、論理思考力と水平思考力、つまり立体思考力が身についてくれば、やりがいのある仕事に就けるチャンスなどが到来しなくても、自分がいま取り組んでいることの問題点をつかみ、それを自分なりに改善していくことができるし、それはクリエイティブの名にじゅうぶん値する仕事だと思います。

日本のビジネスマンのほとんどは営業職です。たしかに、ルーチンワーク的な仕事も多いでしょうが、**営業職であっても、頭の使い方、思考力ひとつで、やりがいのある仕事に変えることができ、成果を上げることができる**はずです（実際、私の知り合いの営業マン、営業ウーマンは、そんな人たちばかりです）。

実は、私も、マッキンゼーの経験以来、日常的にパズルを解く習慣を復活させました。もちろん、その場所にはトイレが含まれますが、最近は、お風呂で解くことがマイブームになっています。

勝間和代の立体思考力を作ったパズル

これまで、私の人生にいかにパズルが重要な役割を果たしてきたのか、ということをお話ししてきましたが、ちょっと話の切り口を変えて、私にとってとても思い出深いパズルの数々を紹介したいと思います。

ただし、忘れられないパズルとなると、それこそキリがありませんので、第2章で説明した6つの思考力にしたがって選んでみることにしましょう。つまり、それぞれの思考力をもってすれば解けるであろうと思われるものを1つずつ選んでみました。題して「勝間和代の立体思考力を作ったパズル」。

なるべくなら、まずは自分でじっくり考えて問題を解いてみてください。その後で、私の解説や答えを見てもらえると、より楽しめると思います。

「法則力」が試される問題

1つめは、論理思考力の「法則力」が必要とされる問題。これは、先に述べたとおり、私が幼少時代から愛読している、パズル本の不朽の名作である『頭の体操』第1集に載っていたものです。

問題 三人の死刑囚がいる。
おたがいに相手のことは見えるが、厚いガラスで仕切られているために、話し声は聞こえない。

この三人に対して、国王は平等な一つのチャンスをあたえた。彼らの頭に白か黒の帽子をかぶせ、つぎの二つの条件のうち、一つでも満たされれば、死刑を免除し、釈放してやろうというのである。

①　相手の二人が、二人とも白い帽子をかぶっているのを見たとき

②　自分の帽子が黒であることを、なにかの方法で知ったとき

そして、じっさいには、国王は三人ともに黒い帽子をかぶせた。

むろん、当人自身は後ろ手に縛られているから、自分の帽子の色を、自分で見ることはできない。

すると、三人はしばらくにらみあいのままの状態をつづけた。

やがて、もっとも頭のいいAがやって来て、自分の帽子が黒だということを推理したという。

Aは、どうやって推理したのか。

これは、「帽子の色パズル」という、非常に有名なパズルのバリエーションのひとつです。「帽子の色パズル」は、もともとは、物理学者でノーベル賞を受賞したことがあるP・M・ディラックが発案したと言われており、論理的に推論を組み立てていくことによって、正解が得られます。

法則力パズルの特徴は、問題の中に「結果」が示されていることです。

この問題の場合は、「Aが自分の帽子が黒であることがわかった」ことが、結果として示されています。つまり、その結果に至るまでの法則を発見することが、必要となります。

さらに、**法則を発見するためには、問題の中にある手がかり**（現象）**を見つけ出して、分析をしていくことが重要**となります。では、この問題の中で、ポイントとなる手がかりは何でしょうか？

帽子の色や個数は、たんなる条件にすぎません。また、「自分の帽子が黒であることを、なにかの方法で知ったとき」というのも、条件のひとつです。では、問題を解く手がかりとなる現象は？　そうです、問題の後半にある、**「三人はしばらくにらみあいのままの状態をつづけた」**なのです。この現象に法則が隠されているのです。

「しばらくにらみあいのままの状態をつづけた」のは、Aも含めて、囚人3人はすぐに結論が出せなかったということです。そこで、なぜすぐに結論が出せなかったのか。

Aの立場になって考えてみましょう。

まず、自分の帽子が白であると仮定します。すると、残りの2人であるBもCも、自分（A）の白と、もう1人の帽子の黒を、見ていることになります。そうすると、たとえばBは次のような推測をするだろうと、Aは考えます。「俺（B）がもし白だとすると、Cは2人の白（AとB）を見ていることになり、すぐに牢屋を出ていくはずだ。しかし、出ていかないところを見ると、俺は白じゃないんだな」そして、Cもまったく同じ推測をするだろうと、考えます。

つまり、自分（A）が白なら、BもCもすぐに牢屋を出ていくはずなのに、実際はすぐに出ていかなかった、ということは、「自分が白」という仮定が間違っているのだ、ということになり、したがって、Aは「自分の帽子は黒」だと気がついた……。

「しばらくにらみあいのままの状態をつづけた」あとで、もっとも頭のいいAが牢屋を出てきた、という現象は、以上のような思考の過程を経たのだろうと気づくと、正解に至るというわけです。

ただし、読者の中には、いまひとつ納得できない人もいるかもしれません。ここに登場する3人の囚人たちは、AだけでなくBもCも、「論理的に思考できる頭のよさを持っている」という前提条件が必要なんじゃないのか、と。

それを考慮し、今風にアレンジすると、「3人全員がIQの高い知能犯であり、その中でもいちばん頭のいいのは……」といった感じでしょうか。

カラーテレビが高級品だった時代を反映して

では、「当てはめ力」を試すパズルにいきましょう。

問題　「コマーシャル」

友人が、M社の製品「スーパー・カラーテレビ」を買った。

それを見にゆくと、画面では、S社の製品「ウルトラ・カラーテレビ」のコマーシャルをやっていた。そのヨットと海の色があまりに美しいので、私もカラーテレビを買う決心をした。

私はM社の製品「スーパー」と、S社の製品「ウルトラ」のどちらを買うべきか。

この問題も、『頭の体操』シリーズの第4集に載っていた問題です。ここで紹介する6問のうち5問までが、『頭の体操』が出典となりますので、同書について、少し説明を加えておきます。

『頭の体操』は、シリーズ累計では1200万部が売れたと言われている、大ベストセラーであることはすでに述べました。その第1集は1966年の刊行で、私が生まれる前には、すでに存在していたことになります。

そのころ日本は高度経済成長の真っただ中であり、同書のパズルにも、当時の時代背景が色濃く反映されています。

この「コマーシャル」という問題も、まさにカラーテレビが高級品だった時代に作られた、という雰囲気がぷんぷん匂ってきますよね。

私の子供時代は、カラーテレビの普及率はそれほど高くなく、番組の中には、画面に「カラー」という表示を出して、「この番組はカラー映像で放送しています」というアピールをしているものがありました（2009年の現在この問題を作るとしたら、製品は薄型の液晶テレビ、映像は、デジタルハイビジョンになるのでしょうか）。

余談はこのくらいにして、問題を解いていきましょう。

この問題は、テレビに映ったコマーシャルの画像が美しいのは、その画像を映しているテレビ画面の性能によるものなのか、それとも、画像のソース（素材）が美しいからなのか、を問うています。

この問題を解くには、MECEに分析することが有効です。「スーパー」と「ウルトラ」、2つのテレビの画像の良し悪しを、MECEに分解してみます。すると上の表のようになります。

2社のカラーテレビの画像の良し悪し

	M社 スーパー 画像 良	M社 スーパー 画像 悪
S社 ウルトラ 画像 良	① 良	② 悪
S社 ウルトラ 画像 悪	③ 悪	④ 悪

2つのテレビの画像の良し悪しは、4パターンにしかならないことがわかります。さらに、②③④の3パターンとなると、すべて、美しい画像は出ません。すると、実は、美しい画像が美しく映し出されるのは、①の「両方のテレビの画像がよい」場合の1パターンだけしかないのです。

つまり、この問題の正解は、どちらのテレビを買ってもよい、ということになります。

このように、問題の内容を整理して論理的なパターンを考え、それに当てはめていくことで、正解することができます。みなさんは、正解にたどりつけましたか?

生活に直結する数字力

次は、数字力パズルです。'67年に発行された『頭の体操』の第2集から。当時のサラリーマンの年収はこのくらいだったのでしょう。

問題　A社、B社という二つの会社の求人広告によると、つぎの二点が違うだけで、ほかの条件は、まったく同じだった。

収入の点から考えて、どちらの会社を選んだほうがとくか。

〈A社〉年俸　百万円。
一年ごとに二十万円ずつ昇給。
〈B社〉半年俸　五十万円。
半年ごとに五万円ずつ昇給。

これは、実際に計算をしてみると、よくわかります。

1年目は、A社の給料は100万円です。これに対して、B社は、最初の半年は50万円ですが、その後の半年は5万円の昇給があるので55万円となり、結局、50万円＋55万円＝105万円になります。したがって、B社のほうが、5万円多くなります。

2年目は、A社の給料は20万円の昇給があって120万円になります。B社は、まず最初の半年で5万円の昇給があり、この半年分の給料は、55万円＋5万円＝60万円になります。その後の半年は、同じく、65万円となり、結局、1年間では60万円＋65万円＝125万円になります。したがって、2年目もB社のほうが、5万円多くなります。

そして、3年目ですが、同様に計算をすると、A社は140万円、B社は70万円＋75万円＝145万円となり、やはり、B社のほうが5万円多くなります（以下、すべての年において、B社のほうが5万円多くなります)。

このように、**一見、同じようでも、実際に計算をすると、その違いがよくわかる**ものです。同じような仕事内容で、労働時間もまったく同じならば、A社に勤めてしまうと、年間で5万円、10年間で50万円、20年間で100万円の差が付いてしまいます(現在の物価水準に直すと、100万円は600万円くらいになるでしょうか)。数字力の大切さが、ストレートに理解できる問題です。

昔のパズル本では、このように切実な内容が題材となっていたものが多く、子供ながらに、興味をひかれました。こうした内容の設問が、もしかしたら、私が会計士を目指したことに、影響があったのかも。いまこの問題を改めて解いて、そんな気がしてきました。

これは、求人広告の例ですが、ローンを使って買い物をする場合の支払い条件や、アルバイトの待遇など、数字で判断しなければならないことは、日常生活にあふれています。**数字力のある・なしは、生活に直結する**といえるでしょう。

次からは、いよいよ、水平思考力が問われるパズルです。

「否定力」パズルの傑作！

問題　「村一番のお馬鹿さん」

ある村の住民たちは、しばしばその村一番のお馬鹿さんを相手に笑っていた。彼はピカピカの50セントコインと、クシャクシャの5ドル札を差し出されると、いつも喜んで50セントコインを取るのである。

5ドル札は50セントの10倍もの値打ちがあるのに、なぜ彼はいつも50セントのコインを選ぶのだろう？

この問題は、私にとっては衝撃的なパズルでした。

『ポール・スローンのウミガメのスープ』（ポール・スローン＋デス・マクヘール著、エクスナレッジ刊）という、比較的最近のパズル本に掲載されていた問題なのですが、解答を見て、「なるほど、頭を使うということは、こういうことなんだ」と、改めて思ったものです。もし、みなさんが、この問題のことを知らずに、5分くらいで解けたとしたら、水平思考力が相当身についているといえるでしょう。どうですか？

ヒントを出します。ちょっと、肩すかしのようですが、まさにこれが、否定力を試す問題である、ということが大きなヒントです。つまり、**常識を否定することで正解がわかる**のです。では、この問題文に存在する常識とは、何だと思いますか？

丁寧に読んでいくと、文章が短いので常識らしきものは、1つしか浮かびません。それは、「5ドル札を受け取ったほうが50セントよりもトクである」ということです。では、これを否定すると、いったいどういうことになるのでしょうか？　それは、50セントを受け取ったほうが5ドルよりもトクになる場合を考えればよいのです。

だんだん、わかってきましたか？　そう、50セントを11回以上受け取れば、5ドルを1回受け取るよりも、多くのおカネが得られるのです。

「そりゃ、そうかもしれないけど!?」という、みなさんの声が聞こえてきそうです。では、それを連想させることが、問題に書いてあったでしょうか。実は、書いてあったのです！もう1回、問題を読み返してみてください。「しばしば」「いつも」といった言葉が、問題文に見つかったでしょうか。

本に書かれている、正解を掲載しましょう。

解答　村一番のお馬鹿さんは、自分が50セントコインを選び続ける限り、周りが面白がってコインかお札かを選ばせ続けることを知っていた。
そして、一度でもお札を取ってしまったら、コインとお札を選ばせてもらえなくなり、50セントをもらえなくなるということも理解していたのだ。

どうです！　見事な解答だと思いませんか？

彼は、村一番のお馬鹿さんではなく、**もしかすると、「村一番のお利口さん」だったかもしれない**のです。

この、『ポール・スローンのウミガメのスープ』は、日本でも非常に売れたパズル本です。著者のひとりポール・スローンはイギリス人で、優秀なビジネスマンであり、パズル作家でもある、という人です。'91年に、1冊目のパズル本『Lateral Thinking Puzzlers』を刊行し、水平思考という言葉を広めたといってもよいでしょう。

ちなみに、この本には、問題ごとにヒントが付いていて、読者にすぐ解答を読ませるのではなく、じっくり考えさせるような構成となっています。この問題には、こんなヒントがついています。

ヒント

Q：村一番のお馬鹿さんは、本当にただ馬鹿だった？

A：いいえ。

Q：彼がお札ではなく、コインを選ぶのにはしっかりとした理由があった？

A：はい。

Q：何かの理由で、彼にとってはコインのほうが、お札よりも価値があった？

A：いいえ。

このようなQ&A方式で、読者を正解に導くように工夫されているのです。

ミケランジェロのパズル

次は、2番目の水平思考力である展開力を試す問題です。

問題　私は目を閉じると、美しい形が見えたりしたものだが、あるとき図のようなものを見たことがある。この次にはどんな形がくるのだろう。

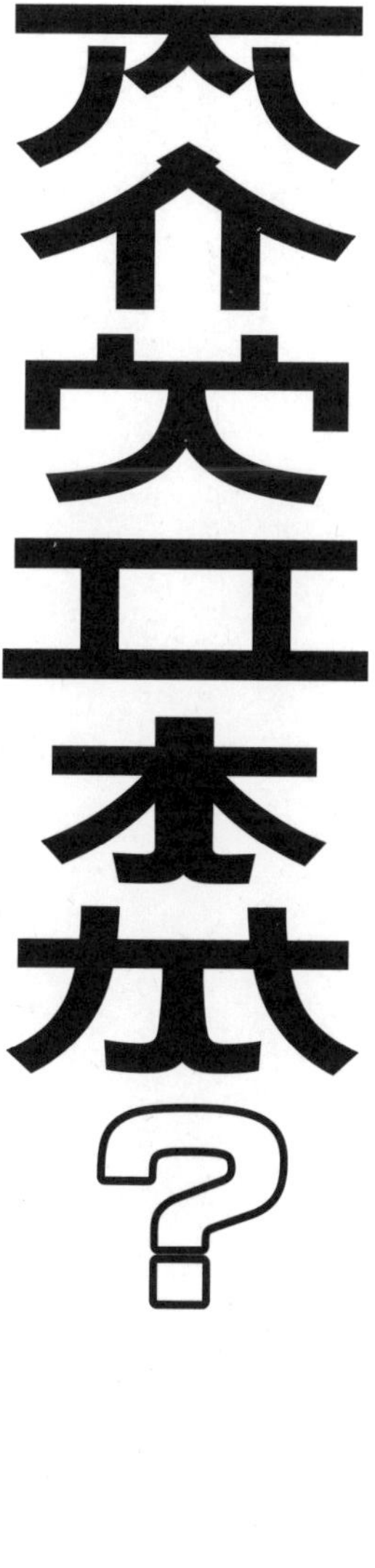

ちょっと、ここで注釈を付けておきましょう。それは、この問題文に出てくる「私」です。「私」は誰かというと、彫刻家であり画家のミケランジェロです。

なんで、ミケランジェロが登場してパズルを出しているのかというと、そこが、『頭の体操』シリーズの魅力のひとつなのですね。『頭の体操』はパズル集なんですが、どの巻も同じに作られているわけではありません。一巻一巻それぞれに、ひと工夫施されているのです。

たとえば、この問題が掲載されている第5集について言うと、歴史に残る発見をしたり業績を挙げた天才たちが、パズルを出題するという趣向になっているのです。

ここで紹介したパズルには、問題文のあとに、99ページのような図が入ります。

こういう視覚に訴える内容のパズルなので、出題者はミケランジェロが適当だろうと考えられたのだと思います。

また、出題者である天才たちならではのエピソードが、解答といっしょに書かれているのですが、このエピソードがまた非常におもしろいんです。『頭の体操』がきっかけで、私が興味を持った天才たちはたくさんいるのですが、それはまた、別の話ですね。

では、問題に戻りましょう。

前ページの図ですが、何に見えるでしょうか？　パッと見てわからなくても、時間をかけてみれば、わかってくる方も多いでしょう。そう、図は左右対称にできていますね。それならば、図を半分に割って

解答

眺めてみると……カタカナの「アイウエオカ」が、左側に書かれているのが見えてくると思います。もうわかるでしょう、答えはこのとおり、「キ」がその鏡文字と合わさったこんな形です（右ページ上図）。

『頭の体操』には、解答のアドバイスとして、こんなことが書かれています。

「与えられた図形の共通点――左右対称――に気づけばそこにヒントがある。見なれたものでも、二つ重ねると、全く別の形が生まれ、原形をかくしてしまう。ゲシュタルト（形態）心理学の法則によるものである」

なるほど。

この問題は、**今まで見たことのない図に隠されている「見なれたもの」を見つけ出すという問題**です。見たこともないものを考える（＝展開する）ということで、紛れもなく、水平思考力の問題といえるでしょう。

こういうオリジナルの図形パズルというのは、非常に少ないのです。したがって、この問題を作った人は、かなりの水平思考力の持ち主だったと推測することができます。

それでは、最後の試行力を試す問題です。

名曲？　迷曲？

問題　「モーニングメロディ」

モーニングメロディで、新しい曲が発表された。ムソルグスキーの「蚤《のみ》の歌」にも匹敵するユーモラスな名曲ということだったが、楽譜のかんじんの部分に歌詞が書いてない。

作曲兼作詞のＮ氏は、「歌う人には、楽譜にかくされた歌詞がちゃんとわかるようになっている。」と語った。

これが、その問題の楽譜（左ページ）だが、さて、どんな歌詞がかくされているのだろう。

試行力問題ですので、常識を否定し、考えを広げて、その後でいろいろなものを試していくことになります。そこで、改めてこの問題を見てみると、音楽の知識がある人ほど、苦戦するようになっています。

たとえば、メロディを口ずさんでみて、ムソルグスキーの曲に近いものがないかとか、探し始めると、答えは永遠に見つからないでしょう。

また、この問題には意外な落とし穴がたくさんあります。問題文でヒントらしきものを探すと、まず冒頭の「モーニングメロディ」があり、さらに「ムソルグスキーの『蚤の歌』」が、唐突に出てくるところが、アヤしい感じがしますよね。

結論から言いますと、この「ムソルグスキーの『蚤の歌』」が、大ヒントになっています。楽譜を、ドレミで読んでみてください。「シ・ラ・ミ・シ・ラ・ミ・ソ・ラ・シ・ラ・ミ」となります。リズムをつけて読んでみると、「シーラミ、シーラミ、ソラ、シラミー」となります。

ここまで来ると、この問題が収められた、『頭の体操』第4集が発売された当時なら「そうか！」となるのですが、今の読者の方々は、まだ「？」という感じかもしれません。

というのも、若い読者の多くは「シラミ（虱）」をご存じないのでは？　シラミとは、ノミなどと同じく、人間や動物の血液を吸う害虫。蚊のように刺されたところが痒くなります。日本でも、戦後しばらくまでは、多くの人が悩まされました。その後衛生状態がよくなり、ほとんどいなくなりましたが、最近でも「アタマジラミ」などが幼児や小学生の間で発生することもあるようですから油断大敵かもしれません。

私は、この問題を解いたあとで、妙にこの歌詞とメロディが脳裏に焼き付いてしまい、「シーラミ、シーラミ」などと鼻歌をくちずさんでいました。友だちなんかに聞かれていたかもしれませんが、まさか、「虱、虱」と言っているとは、気づかなかったでしょうね。

いかがでしたか？　かなり歯ごたえのあるものから、とんち、なぞなぞに近いものまで、いろいろだったと思います。

でも、パズルって、ほんとによく覚えているものなんですよ。たぶん、それは、一生懸命に考えたことがあるからなのでしょう。**一度でも、真剣に考えると、脳に記憶されやすくなるのかもしれません**。

この本や、私の携帯サイトで掲載している問題が、一問でも多く、みなさんの記憶に長く留まることになれば、パズルマニアの私としては、嬉しい限りです。

第4章
論理思考力パズル
——法則力、当てはめ力、数字力を鍛えるトレーニング

ウォーミングアップは米国発のブレインティーザー

さて、いよいよ、トレーニング編に突入します！

まずは、論理思考力パズルです。

パズルは、論理思考力を構成する、「法則力」「当てはめ力」「数字力」の3種類の思考力それぞれにつき、5問ずつ用意しました。ではさっそく……と言いたいところですが、「宿題」を解いておきましょうか。忘れていらっしゃるかもしれませんが、第1章で触れた「ブレインティーザー」の2つの問題です。

①なぜマンホールのフタは丸いのか？

②シカゴにピアノの調律師は何人いるか？

この2つの問題は、いずれも、論理思考力を試すものなので、ウォーミングアップのつもりで考えてみてください（すぐに、解説と解答が続きますので、自分で考えてから読みたい、という前向きな方は、ここでいったん本を閉じてください）。

まず、「なぜマンホールのフタは丸いのか?」から。これは有名な問題で、アメリカのビジネス・コンサルティング会社やマイクロソフト社などのIT企業が、入社試験の面接のときにいきなり質問をして、学生たちの思考力を試すのに実際に使っていたようです。

この問題は、法則力があれば解けるのではないでしょうか。マンホールのフタが丸いという事実(=結果)が示されており、マンホールの使われ方や、フタの役割に考えをめぐらせていけばよいと思います。

模範解答としては、「もし、マンホールのフタが『円』以外の形状、たとえば『四角形』であれば、工事などの際にフタを開けたとき、フタを斜めにすると穴から下へ落ちてしまう危険があるから」といったものになるでしょう。

また、「丸ければ地面の上を転がして運ぶことができるから」も、正解になるでしょう。

日本でも流行った「フェルミ推定」

次に、②の「シカゴにピアノの調律師は何人いるか?」にいきましょう。

これは、「フェルミ推定」の問題として、非常に有名です。

フェルミ推定は、ノーベル物理学賞を受賞したエンリコ・フェルミが得意としたパズルで、フェルミは大学の講義で、学生相手によく出題していたそうです。この②の問題も、実際に、シカゴ大学の講義で学生に出したことで知られていて、「フェルミ推定の古典」となっているものです。

フェルミ推定にまつわるエピソードとして有名なのは、フェルミ本人も学者として参加していた世界最初の核実験（１９４５年７月）のときの話です。

実験が行われたとき、米ニューメキシコ州アラモゴードのキャンプにいたフェルミ博士は、ノートをちぎって作った紙片を、爆発を感じたと同時に床に落下させて、爆発の衝撃波で紙片が飛ばされた様子から、実験に使われた核爆弾の爆発力の規模を推定しました。その推定した数値と、実際に使われた核爆弾の威力が、ほぼ等しかったことで、周囲を驚かせたといいます。

つまり、きわめて部分的な現象から、全体を推定する能力に、非常に長《た》けていたのです。

そこで、**仮説を立てる発想力や、その仮説をもとに論理を展開できるかを試す問題をフェルミ推定と呼ぶようになった**わけです。

では、このパズルの解き方のポイントを順を追って説明していきましょう。

解答例

1．まず、いろいろな条件を仮定する

●シカゴの人口を300万人として、1世帯あたりの人数を平均3人とする
●10世帯に1台の割合でピアノを保有し、1台の調律は平均して1年に1回おこなうとする
●1人の調律師が1日に調律するピアノの台数は3台とし、週休2日で年間約250日働くとする

2．仮定をもとにして推論を展開する

●シカゴの世帯数は100万世帯程度で、ピアノの総数は10万台程度と見られる。すると、1年間に調律されるピアノは10万台程度と考えられる。一方、調律師は1人当たり年間に3台×約250日＝750台程度を調律する。したがって、年間10万台のピアノが調律されるということは、10万台÷750台≒130で、130人の調律師がいる計算になる。

フェルミ推定の解き方は、導き出された数字が実際のそれと合っているのかどうかは関係ありません。仮説を立てて、それを論理的に展開できれば〝正解〟となります。

ただし、いくら数字が正確でなくてもいいとはいっても、**常識とかけ離れた数字はダメ**で

す。シカゴの人口を1万人とか、世帯当たりの平均人数を6人などと答えると、常識が不足していると受け取られます。

ちなみに、マッキンゼーやマイクロソフトなどは、入社試験や面接にパズルを使っていることを、当然のことながら、いっさい公表していません。しかし、面接で受けた質問をおもしろおかしくブログなどで紹介している応募者がいて、そこから火がついたのか、今はちょっとしたフェルミ推定ブームになりました。

このようなブレインティーザーがあまりにも有名になったため、昨今は出題者側もひねった問題をだすようになったのでしょうか、マイクロソフトの面接では、「ビル・ゲイツの浴室を設計してください」という問題があったとか(当然、事実関係は未確認です)。どなたか、私にも、快適にパズルを解けるトイレを設計してくれませんか?

法則力を鍛える

それではまずはじめに、法則力を試すパズルを5題。「法則力問題」は、パズルの中に隠された法則を見つけ出す問題です。

問題文には、手がかりとなる現象やデータがあり、それを分析することで法則を見つけ出すわけですが、必ず、それらが「どういう状態になっているのか」という「結果」が、明示されているはずです。

したがって、問題を解く手順としては、**「現象やデータが、どういう結果となって、問題文に書かれているのか」**ということを、まず把握することが肝心となります。

パッと見て答えが出ないからといって、すぐに解答を見ることはなるべく避けてください。いろいろな問題が控えていますが、ひとつひとつ問題を考え抜くことが大事です（そのほうが、本が〝長持ち〟するので、結果的にも〝おトク〟になります）。

最初は難しいと思いますが、どうぞ、**「脳をアイドリング状態にする」**という体験を味わってください。難問に頭を悩ませるうち、まるで「ランニング・ハイ」のような頭を使う快感、そしてパッと謎が解けたときの爽快感はクセになるはず。

なお、この本に収めた問題は、初心者にはかなり難しいものばかりかも。それに比べて、携帯サイト（http://katsuma-puzzle.jp）の問題は、いつでもどこでもサクサク解けるような比較的やさしい問題から、ちょっと歯ごたえのあるものまで、幅広く３６００問用意してあることを、ここで付け加えておきます。

問題 法則力❶ ヘンな足し算

1＋1＋4＋4＝1
5＋5＝2
3＋0＋0＋0＝3
3＋3＋4＋4＝7
3＋3＋3＋3＋0＋0＋0＝1000

上記の5つの式から「法則」を見つけて、下記の式の答え(「?」の部分)に入る数字を答えよ。

7＋1＋1＋5＋3＋3＋3＋6＋4＋4＝?

ヒント
・この式では、7は「なな」ではなく「しち」である。
・1000は「せん」であって「いっせん」ではない。

解答　−8

ケータイ電話のメール作成画面で、左辺の数字キーを順番に押してみよう。

「１１４４」と押せば「いち」

「５５」と押せば「に」

と表示されるはずだ。

最後の式は、「まいなすはち」。

つまり「−８」となる。

問題 法則力❷ 歴史上の人物!?

下のアルファベットは、日本の有名な歴史上の人物を、年代順（弥生時代から明治時代まで）に並べたものです。
それぞれ誰か、答えなさい。

iio

uaaiiiu

ouaaieau

iouaaaa

aiouaaoi

uuaauii

解答　上から、

卑弥呼：Himiko（3世紀頃）
紫式部：Murasakishikibu（973頃-1014頃）
徳川家康：Tokugawa Ieyasu（1542-1616）
伊能忠敬：Inou Tadataka（1745-1818）
西郷隆盛：Saigou Takamori（1827-1877）
福沢諭吉：Fukuzawa Yukichi（1834-1901）

問題のアルファベットは、人物名のアルファベット表記から、母音だけを抜き出したものになっている。ちなみに、ouaaieauには徳川家康だけでなく、徳川幕府10代将軍の徳川家治＝Tokugawa Ieharu（1737-1786）もいる。こちらもわかった人は、相当な歴史通。

この問題は、ピンとくる人と、なかなか正解にたどり着けない人とに、大きくわかれるかもしれません。それぞれ問題のアルファベットをローマ字読みしてみて（たとえば、「iio」を「イイオ」と読んで）、「法則」を見つけようとすると、かえって難しくなってしまいます。

この**問題を解くカギは、個別ではなく全体を観察する**ことです。すると、どれもがa、i、u、e、oの5つのアルファベットだけで構成されていることに気づきますね。そう、日本語の母音です。ここまでわかればあとはカンタン。k、s、t……と子音を補って、歴史上の人物の名前にたどり着くまでに、それほどの時間は要しないでしょう。

このように、対象を、広い視野でじっくり眺めて考えることも大切です。それがよくわかる実例を挙げておきましょう。

佐藤雅彦さんという、メディアクリエーターがいます。大手広告代理店の電通で、CMプランナーとして、NEC『バザールでござーる』、サントリー『モルツ』といった、数々の大ヒットCMを作り、独立してからも、NHKの『だんご三兄弟』や『ピタゴラスイッチ』などに携わっている、著名なクリエーターです。

その佐藤さんが、旧住友銀行（現・三井住友銀行）の100周年キャンペーンに使われる

SMTM
UIOO

ロゴのデザインを担当することになりました。そして、できたロゴがこのようなものでした（上図参照）。お見事！　というほかはありません。

彼は、「SUMITOMO」というアルファベットの中に、「100」という数字を発見し、「SUMITOMO」という名称に、新しい要素を追加することなく、「100周年」という意味を表すことに成功したのです。**これは、与えられた条件をじっくりと観察して、その中に存在する法則をつかむことによって生まれたケース**といえるでしょう。

佐藤さんは、新しいアイディアを思いつくためには「ルール」が必要だ、と著書で述べています。そして、自分自身が面白く感じたことや行動を調べ上げて、そこに**「法則」＝「ルール」を見つけ出すことに成功すれば、あとは、その「法則」にそって、アイディアを展開していけばよい、**と付け加えています。「法則力の達人」といえるでしょう。

問題 法則力❸ ホームセンターで材木を切る

30cm四方の板を20枚得るために、120cm×150cmの板をホームセンターで買って、その場で切断することにした。切断の費用は、切る長さには関係なく、1回につき50円で、2枚以上の板を重ねたり並べたりして切断するのは不可。では、この店で30㎝四方20枚に切って持ち帰るためには、最低いくらの切断料が必要となるだろうか？

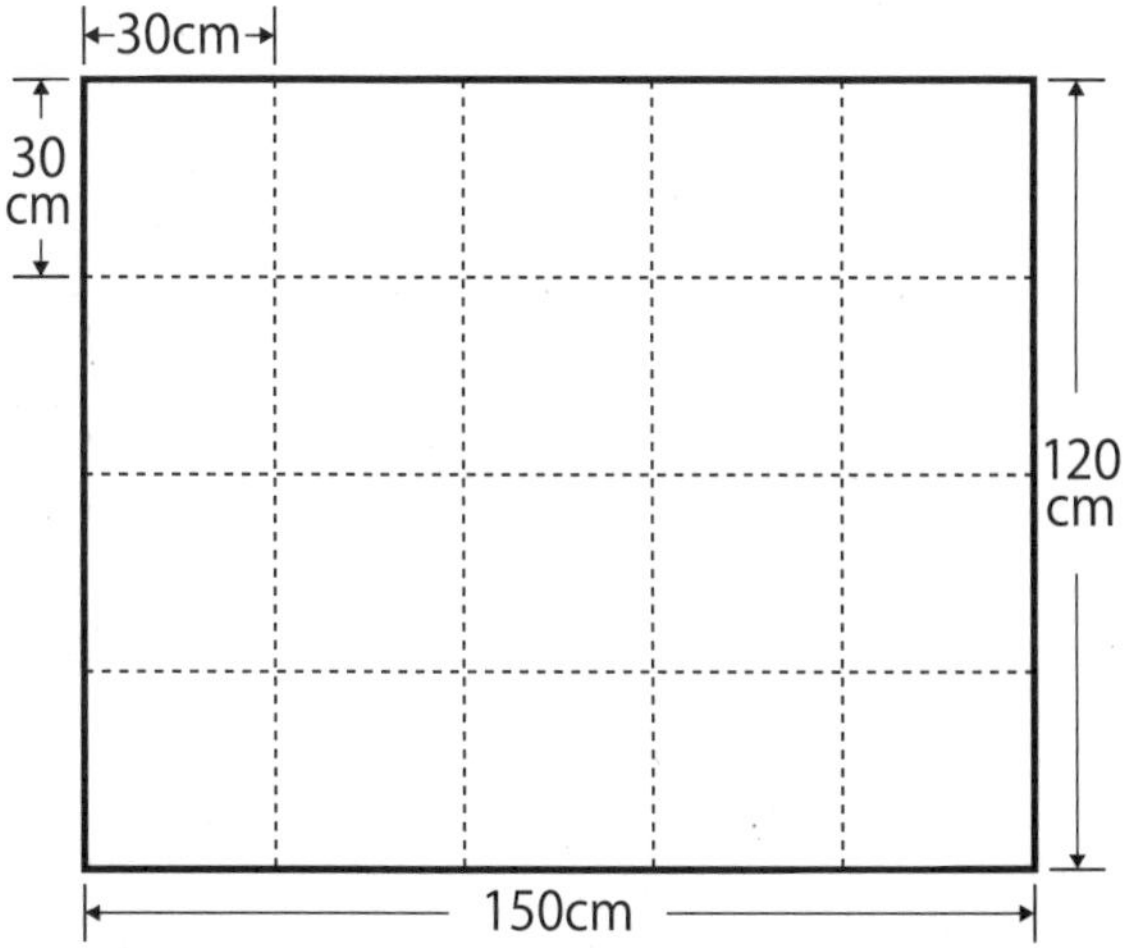

解答　**950円**

１回切断すれば枚数が１枚増えていくわけで、20枚にするには19回の切断が必要。したがって、費用は50円×19回＝950円となる。

100チームのトーナメントの試合数は?

「板の切断」問題、どうでしたか?

この問題はバリエーションが豊富で、代表的なものとして、「トーナメントの試合数は何試合になる?」といった形でも出題されたりしています。実例を挙げましょう。

問題 100チームが参加するサッカーの大会が開催されることになった。大会は、トーナメント方式が採用され、「引き分け再試合はなし」となっている(すべてPKによって試合に決着が付く)。この場合、優勝チームが決定するまで、何試合がおこなわれることになるだろうか?

解答 99試合。

トーナメント方式は、シードチームを作るなど、試合の組み方にはいくつものパターンが存在しますが、解き方は同じ。「板の切断」の解法と同様、1回の試合で1チームが敗退する、というポイントに着目できれば、すんなり解けます。したがって、どんなにチーム数が増えても、負けるチームの数を数えればいいので、チームの総数－1（優勝チーム）で、答えが出てくるのです。

では、次の「細胞分裂は何回か？」というパズルは解けますか？

問題　ある細胞を使って、細胞分裂の実験をしている。その細胞は、1分間で1回、2つの細胞に分裂することがわかっている。その細胞を1つ、ある小さなガラスの容器に入れて、細胞分裂をおこなわせたら、60分でそのガラス容器がいっぱいになってしまった。では、その細胞を最初に2つ、そのガラス容器に入れて分裂させたら、何分後にその容器がいっぱいになるだろうか？

一見、板の切断やトーナメント試合数と、問題の形式が違うようですが、解法は同じです。もうおわかりでしょうか？　そう、**解答は59分**です。

最初から2つ入れておく、ということは、1つしか入れなかったケースの1分後の状態と同じことだからです。つまり、60分－1分＝59分、というわけです。

問題　法則力❹　四角い卵を産む鳥

あるところに、世にも珍しい四角い卵を産む鳥がいた。さらに珍しいことに、その鳥は四角い卵の殻３個分を食べると、新たに１個の四角い卵を産むという。

ある日、その鳥に13個分の四角い卵の殻を食べさせたところ、６個の四角い卵が生まれた。

どうしてこのようなことが起きたのだろうか？

解答

まず、卵の殻３個分ごとに１個の新しい四角い卵が生まれるので、12個分の殻から４個の卵が生まれ（**A**）、１個分の殻が残る（**a**）。
生まれた四角い卵４個（**A**）から４個分の殻ができ、そのうち３個分から１個の新たな四角い卵が生まれ（**B**）、１個分の殻が残る（**b**）。**B**からまた１個分の殻ができる（**c**）。
（**a**）（**b**）（**c**）でそれぞれ１個分の殻があるので、これらを合計した３個分の殻から、新たに１個の卵が生まれる（**C**）。
ここでできる殻は１個分しかないので、新たに四角い卵は生まれず、打ち止めとなる。

以上よりＡで４個、Ｂで１個、Ｃで１個、計６個の四角い卵が生まれる。

問題 法則力❺ 覆面算

次のアルファベットとひらがなに0〜9のいずれかの数字をあてはめ、計算式が成り立つようにせよ。なお、同じ文字には同じ数字が入り、異なる文字に同じ数字が入ることはない。また、左端の数字が0になることもない。

第1問

```
   SEND
+  MORE
-------
  MONEY
```

第2問

```
    かち
×   かち
--------
  ふかかち
```

```
  9END
+10RE
------
 10NEY
   ↑ ↑
   ④ ⑤
```

＋**R**は下1ケタがEである10台の数、つまり10＋**E**。これにも2つの場合がある。

N＋**R**＝10＋**E**（⑤から繰り上がりがない場合）…⑥

N＋**R**＋1＝10＋**E**（⑤から1繰り上がる場合）…⑦

③の**N**＝**E**＋1を⑥、⑦に入れると、

⑥は**E**＋1＋**R**＝10＋**E**→**R**＝10－1＋**E**－**E**＝9となるが、すでに**S**＝9なので矛盾する。よって⑥は不成立。

⑦は**E**＋1＋**R**＋1＝10＋**E**→**R**＝10－2＋**E**－**E**＝8

よって、**R**＝8…⑧

```
  9END
+108E
------
 10NEY
```

⑦が成立するから、⑤の和**D**＋**E**も1繰り上がることが決定。すでにわかっている数字より、**D**も**E**も**N**も**Y**も「0、1、8、9」ではないので、**D**＋**E**＝12、13、14、15、16、17のいずれか。

このうち、**D**、**E**のどちらも「0、1、8、9」でない組み合わせは、5＋7＝12、6＋7＝13のどちらか…⑨

また、③より、**N**は**E**より1大きいので、**E**＝7だと**N**＝8となり⑧と矛盾。したがって**D**＝7…⑩

さらに**E**＝6だと**N**＝7となり⑩に矛盾。

したがって**E**＝5、**N**＝6で、**D**＋**E**＝12となるので、**Y**＝2（→完成・右）。

```
  9567
+1085
------
 10652
```

解答　第１問

（４ケタの数）＋（４ケタの数）＝（５ケタの数）になるとき、（５ケタの数）の頭の数字は必ず１になる。なぜなら、４ケタの数の最大値どうしを足しても、

9999＋9999＝19998

なので、頭の数字が２以上になることはありえないから。

したがって、**M**＝１。

```
  SEND
+1ORE
------
1ONEY
```

次に、**O**に入る数字を考えると、

下の位から繰り上がりがない場合は、**S**＋１＝１**O**…①

下の位から繰り上がる場合は、**S**＋１＋１＝１**O**…②

ここで、**S**が７以下だと①、②とも１ケタになるので、**S**は８か９。①だと９＋１＝10、②は８＋１＋１＝10か、９＋１＋１＝11になるが、１**O**＝11だと**O**＝**M**＝１となってしまい、矛盾する。

したがって１**O**＝10で、**O**（オー）＝０（ゼロ）。

```
  SEND
+10RE
------
10NEY
```

Sが８だとすると、下の位から繰り上がらなければならない。その場合、**SE**＝８９ならば、下の項１０と足して９９、下の位から１繰り上がって１００となるが、そうすると**N**＝０（ゼロ）で**O**と同じになってしまい、これも矛盾する。

したがって**S**＝８ではなく、**S**＝９と決まる。

またEの真下の数字は０なので、下の位から１繰り上がらないと、**E**＋０＝**N**で**E**＝**N**となってしまう。よってここも１繰り上がることになり、**E**＋１＝**N**…③が成り立つ。

次に④に注目する。③で述べたとおり１繰り上がるので、**N**

解答　第２問

問題文よりか≠０、ふ≠０。ち×ち（＝ちの２乗）の一の位が「ち」だとわかる。
ある１ケタの数を２乗し、一の位がその数と同じなのは、
０×０＝０、１×１＝１、５×５＝25、６×６＝36
の４通り。ち＝０の場合、答えの下２ケタが必ず00（か＝ち＝０）になるので不適。

また、20台までの数の２乗は、最大の29×29（＝841）でも答えが４ケタにならないので、か≠１、か≠２。
そして、か＝３、ち＝１の場合も、31×31＝961で答えが４ケタにならないので、不適。

ここまで絞ったら、35×35、36×36、41×41、45×45、46×46、51×51……96×96まで、ゾロ目（か＝ち）になる数を除く18通りすべて計算してみる。すると、76×76＝5776のみが条件を満たすことがわかる。

$$\begin{array}{r} 76 \\ \times\ 76 \\ \hline 5776 \end{array}$$

「パズル王」デュードニー

「SEND MORE MONEY（もっとカネ送れ）」という法則力5問目の「覆面算」は、「パズル王」と呼ばれた、イギリスのヘンリー・アーネスト・デュードニーが創作したと言われています。

デュードニーは、1857年生まれのパズル作家。数学者でもあり、子供のときからパズルが好きで、9歳のときにはパズルの問題を雑誌に投稿して、賞金をもらっていたそうです。

大人になってからは、さまざまな雑誌や新聞のパズル欄を担当し、著作も大評判だったとか。また、数学者らしく、図形を使った問題が豊富で、独創性も高く、彼の創作したパズルをもとに、現在でも、いろんなバリエーションが作られています。覆面算自体は、彼の以前にもありましたが、ここで紹介したように、意味をもつ言葉を使った覆面算は、彼のオリジナルと考えられています（「SEND MORE MONEY」は、本当に傑作だと思います）。

ちなみに、パズル作家のひとりで、やはり世界的に有名なアメリカ人のサム・ロイドと親交がありましたが、サム・ロイドが、デュードニーに無断でデュードニーのパズルを自分の名義で発表したため、その後の親交は途絶えた、というエピソードが残っています。

当てはめ力を鍛える

次は、「当てはめ力問題」です。

問題文で与えられている（暗示されている）ルールなり法則なりを適用して、論理的に答えを導き出すことが求められます。

法則力問題とちがって、結果は明示されていません。つまり、問題を解くために仮説を立てたりしながら、論理的に法則を当てはめて結果を導き出すことで解答となります。繰り返しになりますが、現象と結果がわかっていて、そこから法則を導き出す法則力とは、正反対の思考法になります。

ここに紹介する当てはめ力問題は、いずれも歯ごたえのある、ちょっとした難問揃いとなっています。過去の傑作パズルを、現代風にアレンジしたものも含まれており、パズルマニアの方にとっては、思わずニヤリとしてしまう問題もあるでしょう。

ですので、パズルビギナーの方は、解けなくても悲観することはありません。イラストをふんだんに使って、問題の設定や法則をイメージしやすくしていますので、粘り強く考えてもらえれば、正解に至ると思います。それでは、どうぞ。

問題 当てはめ力❶ カーレース
——あなたはいま何位?

あなたはカーレースの真っ最中で、今５位のポジションにいる。

すぐ前を走っていた車が追い越した車を、あなたの車を追い越した車が、追い越した。

その後あなたは２台の車を追い越したが、１台の車に抜き返された。

さて現在の順位は？

解答　5位

最初の段階ではあなたは5位である。あなたの車をeとすると、

1　2　3　4　5
a　b　c　d　e

問題文を読み込むと、すぐ前を行く車（d）が追い越した車（c）を、あなたの車（e）を追い越した車が、追い越した。

dがcを追い越した時点では、

1　2　3　4　5
a　b　d　c　e

で、順位は変わらず5位。

あなたの車（e）を追い越した車をxとすると、xがcを追い越したのだから、順位関係は以下のように変わる。

1　2　3　4　5　6
a　b　d　x　c　e

この時点で、あなたの車は6位。

その後あなたは、2台の車を追い越した（6位→4位）が、1台の車に抜き返された（4位→5位）。
その結果、現在の順位は変わらず5位となる。

問題 当てはめ力❷ 正直者の部屋とウソツキの部屋

１から６までの「部屋」には、正直者（○）かウソつき（×）がいて、正直者はつねに本当のことを言い、ウソつきは必ずウソをつく。さて、６人それぞれが言っていることだけをたよりに、正直者がいる部屋には○、ウソつきがいる部屋には×をつけよ（ヒント　当てはめ力の問題。ということは、仮説をどう立てて論理思考をすすめていくかが問われている）。

解答

○（正直者）は、3と5
×（ウソつき）は、1、2、4、6

考え方としては、まず2に注目し、ここが○だと仮定すると1も3も○となるが、3が○なら「2は×」でないといけなくなり、矛盾する。したがって2を×とすると、3が○で、1は×。これより、4も×と決まる。さらに、3が○なので、6は×。4と6がともに×なので5は○（下の図）。以上より、1～6にすべて矛盾なく○×が入ることになり、これ以外の○×の組み合わせでは、どこかに矛盾が生じてしまう。

この問題は、有名な「正直村とウソつき村」というパズルのバリエーションです。そこで、このパズルのなかでもいちばん代表的な問題を掲載しておきましょう。

問題　ある国では、ウソしか言わない人だけが住む村（ウソつき村）と、正直者だけが住む村（正直村）が、隣同士で存在しているという。ある日、外国からその地域にやってきた旅行者が、自分は現在どっちの村にいるのかがわからなくなり、通行人に尋ねてみることにした。1回の質問で、わかるようにするには、どう質問したらよいだろうか？　ただし、その通行人は、ウソつき村の住人か正直村の住人、つまり、隣の村からやってきている可能性もあるものとする。

解答　**「あなたはこの村の住人ですか」と尋ねる。**通行人がどちらの村の住人であったとしても、YESと答えたらそこは正直村、NOと答えたらウソつき村だと判断ができる。

通行人が、正直者の場合、YESなら、そこは正直村、NOならウソツキ村であるのは自明。通行人がウソつきの場合も、YESと答えたら、「ウソをついている↓そこの住民ではない↓正直村」、NOと答えたら、「ウソをついている↓そこの住民である↓ウソつき村」となります。

問題 当てはめ力❸ 宇宙飛行士とエイリアン

３人の宇宙飛行士と３人のエイリアンが、宇宙ステーションからある星へ渡ろうとしている。

しかし、あいにく２人乗りの宇宙船しかなく、その宇宙船を操縦できるのは、宇宙飛行士３人のうちの１人と、エイリアン３人のうちの１人の計２人だけ。

しかも、エイリアンはふだんは人間に対して友好的にふるまっているが、人数が宇宙飛行士より多くなると、とたんに凶暴化して、宇宙飛行士を殺してしまう。


さて、全員が、無事に星へ渡るには、どうすればよいだろうか？

宇宙飛行士（操縦できる１人、できない２人）、エイリアン（操縦できる１人、できない２人）それぞれに将棋のコマのようなものを作って考えるのも可。

解答　**下の図のとおり**（ヘルメットをしている者が操縦できる）

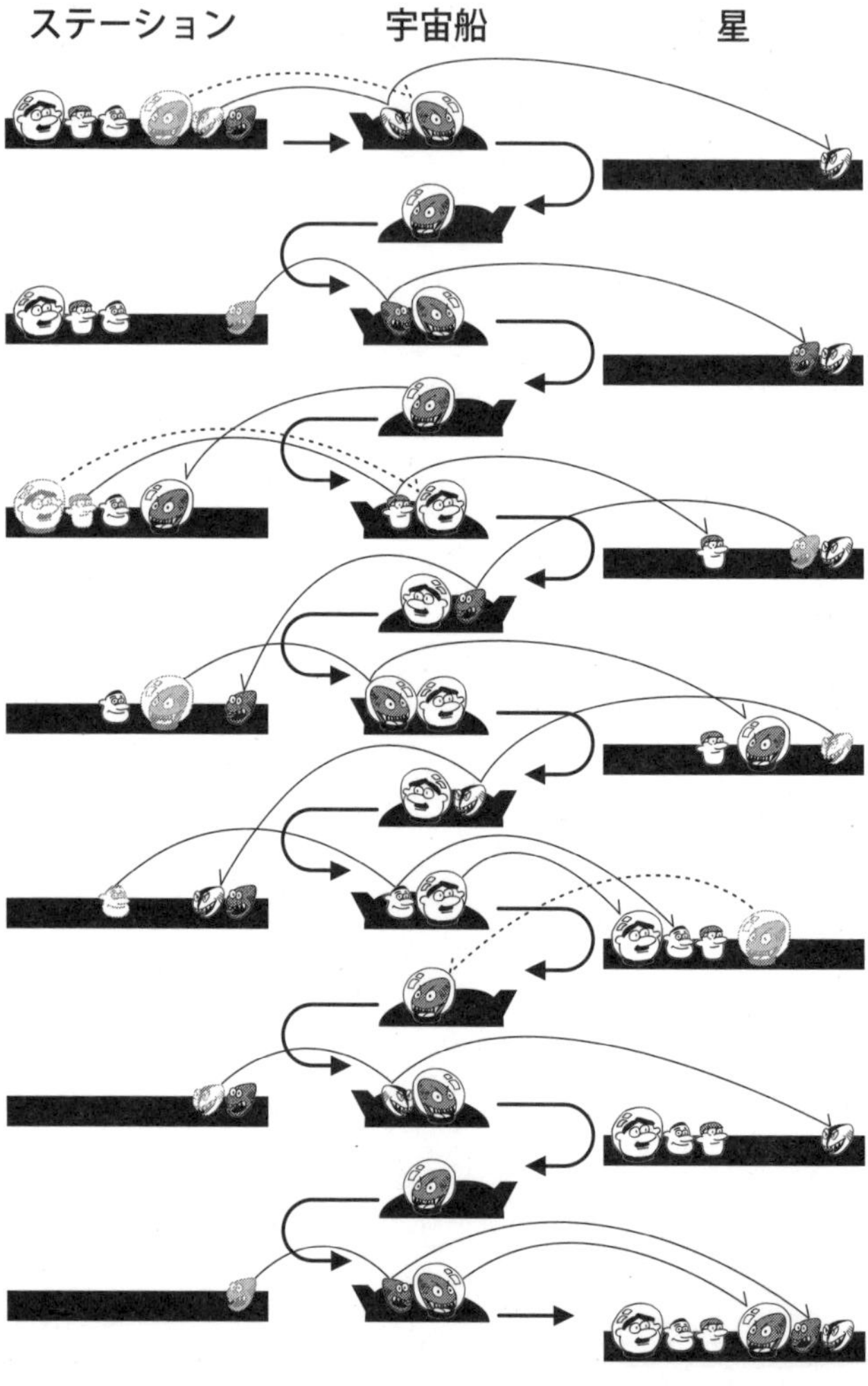

「投資家と投資銀行家」パズルはいかが？

この「宇宙飛行士とエイリアン」は、パズル好きなら、思わずニヤッと（あるいはニガ笑い？）すると思います。

というのも、このパズルは通称「渡河問題」と呼ばれ、そのオリジナルは、なんと8世紀からあったとされる、古典中の古典だからです。

登場するキャラクターは、時代によって変わってきました。「人食い人種と宣教師」とか「オオカミと羊」などが、よく知られています。

また、「羊飼いの少年と羊とオオカミ」といったように登場するキャラが3つ、というパターンもあります。登場キャラの数が増えれば増えるほど、解法もどんどん複雑になっていきますが、どのパターンであっても、きちんと場合分けをして調べていけば、正解に到達するところは一緒です。

もし、今の世相をふまえて登場人物をリニューアルするなら……「投資家と投資銀行家」というのはどうでしょうか？　問題はこんな感じです。

問題　ある高層ビルの会議室に、投資家3人と投資銀行家3人がいます。投資家は、何かよい案件があれば、すぐに投資をするために、現金1億円をそれぞれ持参してきています。投資銀行家は、大したことのない案件でも、いかにも儲かるように見せて、投資家からおカネを引き出そうとしています。

会議が長時間になるにつれ、全員がトイレに行きたくなってきました。

しかし、会議室にいる投資家の人数が、投資銀行家の人数を下回ってしまうと、いなくなった人の資金が投資銀行家によって丸め込まれて、危険な案件に投資されてしまいます。

トイレの定員は2名。

投資銀行家は、投資家にトイレに誘われれば、行かざるを得ず、投資家は最高2人の投資銀行家を誘うことができます。

どうすれば、投資家はおカネをムダにせずに、この場の全員がトイレに行けるでしょうか？

ちょっと、悪ノリしすぎたかもしれません。失礼しました。

問題 当てはめ力❹ ニセ金貨を探せ!

第1問

金貨が入った2つの袋がある。袋には少なくとも100枚以上の金貨が入っているが、枚数は袋によって違う。

ところが、袋の中身はニセ金貨かもしれない、という情報が入った。つまり、両方ともニセ金貨の袋かもしれないし、どちらか1袋がニセ金貨、または、どちらも本物の金貨が入った袋なのかもしれない。

そこで、袋の中から金貨を何枚か取り出し、秤《はかり》（重量計）を1回だけ使って、ニセ金貨入りの袋があるかないか、あるとすればどちらの袋かを調べたい。なお、本物の金貨は1枚10ｇだが、ニセ金貨は9ｇしかないという。さて、どうする？

解答　第１問

２つの袋をA、Bとし、Aから１枚、Bから２枚取り出す。この計３枚の金貨を、秤に載せる。

重さが30ｇなら、どちらも本物である。29ｇならAがニセ物であり、28ｇならBがニセ物、そして、27ｇなら、どちらもニセ物の金貨が入っていると判断ができる。つまり本物と重さの差が０ｇ、１ｇ、２ｇ、３ｇと、４通りのパターンでMECEに対応しているから、解答にいたることができる。A、Bから異なる枚数を取り出すところがキモ。

第１問が解けたら、次のページの上級者向け第２問へ。
袋が７つある場合はどのようにすればいいだろうか。これを解くためには、さらに鋭い原理・法則を見つけて、それを当てはめなければならない。

問題　当てはめ力❹　ニセ金貨を探せ!

第2問

金貨が入った7つの袋がある。しかし、いくつかの袋は、どうやら中身がすべてニセ金貨であるらしい。本物の金貨の重さは1枚10ｇだが、ニセ物は9ｇしかないという。

それでは、これらの袋の中から金貨を取り出し、秤（重量計）を1回使っただけで、どの袋がニセ物でどの袋が本物か7袋すべてをピタリと当ててほしい。なお、袋に入っている金貨の枚数は、どれも少なくとも100枚はあるが、枚数は袋ごとに違う。

3＝1＋2なので、この場合はAとBがニセ物だとわかる。ここで3を二進数に直すと、3＝11。便宜上7ケタにすると、0000011。1ケタ目と2ケタ目が1になる。

もし、7袋すべてニセ物だとすると、1＋2＋4＋8＋16＋32＋64＝127ｇの差。127を二進数に直すと、1111111で、7ケタのすべてが1になる。

7袋すべて本物なら、差は0で、二進数に直しても0。便宜上7ケタにすると、0000000。

つまり、重さの差を取って、それを二進数に直せば、1ケタ目はA、2ケタ目はB、3ケタ目はC……7ケタ目はGと、各ケタにあたる袋がそれぞれ本物（0）かニセ物（1）かが、一目でわかるというわけ。

たとえば、量った重さが1188ｇだった場合、本物との重さの差は82ｇなので、これを二進数で表すと、
82＝64＋16＋2＝1010010→2ケタ目、5ケタ目、7ケタ目が1なので、B、E、Gの3つの袋がニセ物。

袋が多くなっても、二進法を利用することによって、本物、ニセ物の袋を「漏れがなく、ダブりもなく（＝MECE）」、0（本物）、1（ニセ物）の記号に置き換えることができる。

解答　第2問

この問題を解くために使う「原理・法則」は、数学の二進法。二進法の場合、初めのケタ（位《くらい》）は2の0乗＝1、次のケタは2の1乗＝2、続いて2の2乗＝4、2の3乗＝8、2の4乗＝16……となり、0と1の2つの数字だけですべての数を表す。十進法の数字を二進法に置き換えると、1は1、2は10、3は2×1＋1＝2（2の1乗）×1＋1（2の0乗）×1＝11、4は100となり、5は101、6は110、7は111、8は1000……となる。
カンのいい方はそろそろ解答がわかりはじめたのでは？

つまり、7つの袋を仮にA、B、C、D、E、F、Gとすると、それぞれの袋の中から、二進法の各ケタを示す数、1、2、4、8、16、32、64枚の金貨を取り出す。これを二進法で表すと、A＝1、B＝10、C＝100、D＝1000、E＝10000、F＝100000、G＝1000000。

そして、これらをまとめて量った重さと、全部本物の場合の重さとの差に着目する。もし仮に、その差が1gだとすると、Aだけがニセ物である、ということだ。では、その差が3gだったら？
金貨がすべて本物であれば重さは、
10×（1＋2＋4＋8＋16＋32＋64）＝1270g
もし、実際に量った重さが1267gであれば、差は3g。

問題 当てはめ力❺ 囚人の帽子 ——処刑か、釈放か

A、B、Cの３人の囚人がいる。
彼らはいま、次のような生死を賭けたゲームに挑むことになっている。

３人は別々の独房に隔離されていて、○、×、△のいずれかのマークのついた帽子をかぶらされる。帽子の数は、○、×、△それぞれ３つずつあり、同じマークの帽子の者が複数いるかもしれないし、全員バラバラかもしれない。

彼らは自分がどの帽子をかぶらされているか、知ることはできないが、看守により、他の２人の帽子のマークは教えてもらえる。

そして、教えてもらったのちに、各人は自分の帽子のマークが何かを紙に書き、看守に渡す。このとき、誰かひとりでも自分の帽子のマークを言い当てることができたら、全員釈放。

もし、誰も正解を言い当てることができなければ全員が処刑される。

帽子をかぶらされる前に、彼らには１度だけ独房を出て３人で集まり、作戦会議をするチャンスが与えられている。

さて、必ず助かる（少なくとも１人が自分の帽子のマークを言い当てることができるようにする）には、作戦会議でどのような取り決めをすればいいだろうか？

A＝○（グー）、B＝△（パー）、C＝△（パー）の場合、
Aは（a）を想定して「1人だけ勝つ」ように×（チョキ）と言う。
Bは（b）を想定して「1人だけ負ける」ように△（パー）と言う。
Cは（c）を想定して「あいこになる」ように×（チョキ）と言う。
→これだとBが自分の△を言い当てる。

A＝○（グー）、B＝○（グー）、C＝○（グー）の場合、
Aは（a）を想定して「1人だけ勝つ」ように△（パー）と言う。
Bは（b）を想定して「1人だけ負ける」ように×（チョキ）と言う。
Cは（c）を想定して「あいこになる」ように○（グー）と言う。
→これだとCが自分の○を言い当てる。

A＝○（グー）、B＝×（チョキ）、C＝△（パー）の場合、
Aは（a）を想定するから「1人だけ勝つ」ように△（パー）と言う。
Bは（b）を想定して「1人だけ負ける」ように△（パー）と言う。
Cは（c）を想定して「あいこになる」ように△（パー）と言う。
→これでCが自分の△を言い当てることになる。

以上より、「1人だけ勝つ」「1人だけ負ける（2人が勝つ）」「3人あいこ」のどの場合でも、必ず1人は自分のマークを言い当てられることがわかる。

解答

○、×、△をそれぞれ、グー、チョキ、パーとすれば、問題は単純になる。

３人でジャンケンをする場合、起こりうるのは、

（a）１人だけ勝つ

（b）１人だけ負ける（２人勝つ）

（c）あいこになる

のいずれか。

つまり、自分以外の２人のマークを見てAは（a）を、Bは（b）を、Cは（c）を想定して自分のマークを言うようにすれば、（a）～（c）のいずれかは必ず起こるので、１人だけは、100%確実に自分の帽子のマークを当てることができることになる。

逆にいうと、２人以上当たる、または、誰も当たらないということは起こりえない。

これを具体的な例で示すと、

A＝○（グー）、B＝△（パー）、C＝○（グー）の場合、

AはBとCを見て（a）を想定するから「１人だけ勝つ」ように○（グー）と言う。

BはAとCを見て（b）を想定するから「１人だけ負ける」ように×（チョキ）と言う。

CはAとBを見て（c）を想定するから「あいこになる」ように×（チョキ）と言う。

→これだとAが自分の○を言い当てることになる。

パズル最多登場キャラは囚人⁉

85ページの「3人の死刑囚」も、「帽子の色パズル」として有名であることは、すでに述べたとおりです。設定や解き方のバリエーションが出しやすいため、いろいろなバージョンが発表されていて、どこかで目にした、という方も多いのではないでしょうか?

ただし、実はここ数年で、問題の設定は似ているものの、問題の背景にある発想が違うバージョンが発表されています。

その問題の一例を紹介しますので、どこが違うのかを考えてみてください。「3囚人問題」と呼ばれているものです。

問題 あなたは囚人Aである。他に囚人Bと囚人Cがいて、この3人のうち、1人だけ恩赦で釈放されることが決まった。

この段階で、自分が釈放される確率は3分の1。

そこで、結果を知っている看守に聞いた。

「3人のうち2人は釈放されないから、私以外の誰か1人は釈放されないんですよね。誰にも言わないから、釈放されないのはBかCか、教えてください」

しばらく考えた看守は、「Bだよ」といった。

さて、あなたが釈放される確率は、3分の1から、残り2人（AとC）のうちの1人という、2分の1に上がっただろうか?

解答　変わっていない。釈放される確率は3分の1のまま。

この問題は、**「条件付き確率の問題」と言われていて、直感と正解が異なる確率論の問題としてよく紹介されます**（数学的に証明するには大変な労力と知識が必要なのですが、ごく単純化していうと、「Aが釈放されて、看守が釈放されないのはBと言う確率」と「Aが釈放されて、看守が釈放されないのはCと言う確率」は、ともに3分の1×2分の1＝6分の1となり、結局、Aが釈放される確率は6分の1＋6分の1＝3分の1となります）。

これ以外にも、「ゲーム理論」でよく取り上げられる「囚人のジレンマ」という有名な問題があります。

昔から現代に至るまで、パズルと囚人の相性は、かなりいいようです。

数字力を鍛える

さて、ここからは数字力のトレーニングに入ります。

最初に注意してほしいことを申し上げておくと、「数字力問題」は、いままでの論理思考力問題と、ちょっと趣が異なります。それは、**企業の決算報告に登場する財務諸表**（バランスシートなど）**をベースにした問題が多くなる**からです。

しかも、解法の中に、数字や計算がどんどん出てくるので、会計や数字にアレルギー反応をおこしてしまう人は、ちょっとひいてしまうかもしれません。でも、ここで使う数学の知識は小学生レベル、加減乗除がわかれば十分なのです。

ビジネスにおいては、会計の知識や、数字を取り扱うことは不可欠になっています。**会計の知識がないとか、数字が扱えないという人は、仕事をすることが不可能になりつつある**といえるでしょう。どうか、苦手な人は、この数字力問題を解いていくことで、それを克服してもらいたいと思います。

ここまで本書を読んできたあなたは、幸いにも、すでに、相当に意地悪なパズルを含めて、いろいろな問題を解いてきています。もしかすると、数字力問題を見ても、パズルのようにしか見えないかもしれません。そうなれば、しめたものです。

数字はあいまいでファジーな情報を伝えられる

数字は、言葉よりも明快で、正確な意味が伝わりやすい性質を持っています。

さらに、**上手に使いこなすことで、言葉にできない情報、目に見えないデータを表現することができる**ということは、具体例を示して第2章で解説したとおりです。

数字を分析するというと、○か×かの二者択一を迫る、あるいは迫られるようなイメージがありますが、実は、「可能性は60%」といったような、あいまいでファジーな情報を、相手に伝えることができるのです。このようなことは、文章では、なかなかできません。

また、さまざまな選択肢があるときでも、数字で比較することによって、よりよい選択をすることが可能となります。実際の問題として、このあとにいくつも登場してきますが、**数字という客観的なデータに還元することで、複数のものを同じ条件にして、比較することができる**ようになります。

また、「見えないものを見る」という点において、会計の知識を動員すれば、決算書に隠された企業の秘密もたちどころに明らかにすることができます。

とくに、最近は、企業が生き残りをかけて激しい競争を繰り広げており、利益がでる部門を強化したり、逆に、収益が上がらない部門からは素早く撤退したりと、企業の変化のスピードが速くなっています。

その結果、自分が入社した当初と、現在の会社の収益構造が、別の会社といえるほどに変わってしまっているケースも少なくありません。

知らない間に社内の負け組に!?

たとえば、日本中のだれもが知っている、大手スーパーチェーンのケースを紹介しましょう。この会社のバランスシートや損益計算書をチェックすると、すでに本業であるはずの小売業よりも、不動産部門で稼ぐ収益のほうが、利益率が高くなっていたりします。

つまり、すでにそのスーパーの実態は、不動産会社といってもいいような状況になっているのです。

今後、小売業はますます競争が激しくなり、利益を上げることが難しくなると思われます。すると、この会社は、ますます不動産部門に力を入れ、不動産会社に近づいていくのではないかと予想できます。

しかも、こうした事実は、その会社の社員であっても、気がついていない人のほうが多いものです。それは、**自分の会社の決算書やバランスシートを気にする人は、まだまだ少ないのが現状**だからです。

しかし、もし、この会社の社員で、自分はメインの出世コースに乗っていると思っている人がいたら、どうでしょう？　いつの間にか、自分が進んでいるコースは、メインから外れ、ローカルにつながっているかもしれないのです……。

そうならないように、会計の知識をつけ、自分の会社のバランスシートくらいは、ふだんから読みこんでおかなくてはなりません。

決算書はミステリー小説

また、これは、私が身をもって保証しますが、決算書を読み込むことに慣れてくると、だんだんおもしろくなってきます。

ふつうの人は、決算書は、会社が作り、公認会計士がそれをチェックするので、誰がやっても同じ内容になると思っているかもしれませんが、それは大間違い！　第3章で紹介したようなひどい会社でなくても、会計操作に近いことは、多くの企業で行われています（当然、ルールの範囲内ですが)。

会計は、みなさんが思っているほど厳格なものではなく、それを読むことは、小説、それもミステリー小説の謎を解き明かすような楽しさを備えているのです。

まだまだ、会計を苦手としているビジネスマンやビジネスウーマンが多い現状では、**数字力は、他人と自分を差別化する大きな武器となる**でしょう。

さて、そのための第一歩、次の5問を解いてみてください。これをマスターすれば、明日からの仕事に即応用できます。

※数字力問題は、会計の専門用語が出てくることが多いので、それぞれの問題と解答のあとに、すべて解説が付きます。

問題 数字力❶ 投資するならどれ?

ある会社が、４つの新規プロジェクトの立ち上げを検討している。初期投資に必要な金額、プロジェクトが成功する確率、成功したときに得られる利益（成功リターン）は、それぞれ、下の表のようになっている。

このうち、もっとも魅力的なプロジェクトはどれか？

	初期投資	成功確率	成功リターン
プロジェクトA	50億円	5%	2000億円
プロジェクトB	100億円	20%	1000億円
プロジェクトC	0億円	80%	100億円
プロジェクトD	20億円	10%	1500億円

初期投資が少ないほうが安全よ
リターンが大きいほうがいいね

解答　プロジェクトD

各プロジェクトの期待値を求める問題。期待値＝成功リターン×成功率－初期投資だから、プロジェクトAの場合、2000億円×５％－50億円＝50億円。以下、プロジェクトBは100億円、プロジェクトCは80億円、プロジェクトDは130億円となるので、プロジェクトDが正解になる。初期投資の少なさや成功率の高さ、成功リターンの大きさだけで、決めてはいけないのである。

期待値とは？

この問題のようなことが重要になるようなケースとしては、次のようなものが考えられると思います。

企業が多角化の一環として、新しい事業を立ち上げようとするときには、社内から新規プロジェクト案を募集したりします。多数の応募案が集まり、４つの候補に絞った結果が、問題の表だと思ってください。

かりに、この企業を、大手スーパーとしましょう。

すると、プロジェクト**A**は、そこそこの初期投資を必要としているので、「１００均」のような超安売り店の実験店を出店する、といったプロジェクトかもしれません。

Bは、かなりの投資を必要とするので、もしかしたら全店に電子マネーを導入する、というプロジェクトが考えられます。

Cは、まったく初期投資を必要としていないか、必要とするにしてもわずかなものだと考えられるので、自社の新しいサイトを立ち上げるといったところでしょうか。

そして、**D**は、いよいよ通販事業に本格的に乗り出す、といった内容かもしれません。だいたい、そんなものが考えられます。

そこで、問題です。

各プロジェクトには、当然、メリットとデメリットがあるわけですが、それをなるべく公平に比較するにはどうすればよいのでしょうか？

そのひとつの手が、期待値を求める、というやり方です。**期待値は、解答で解説しているように、「成功リターン×成功率－初期投資」で求められます**。こうすると、**バラバラで比較できなかったデータがひとつにまとまり、比較可能な数値になる**わけです。

ただし、このやり方が有効であるためには、前提となる、初期投資の見積もりや、成功率のシミュレーション、さらには、成功リターンの確実さなどが、必要となってきます。それらがいい加減であれば、机上の空論となってしまいます。

ちなみに、この手法は、かなり一般的なもので、官公庁が、研究や事業に出す補助金の配分を決定するときにも、活用されています。

問題 数字力❷ リターンがいちばん高いのは?

ある会社が、４つのプロジェクトを検討している。いずれも、初期投資の金額は100億円だが、下の表のとおり毎年回収できる資金が違う。ただし、回収資金の５年後の合計は、ほぼ同じ金額となる。
どのプロジェクトに投資するべきか？

億円

	1年後	2年後	3年後	4年後	5年後	プロジェクト総計
プロジェクトA	30	20	20	11	44	125
プロジェクトB	5	5	5	5	105	125
プロジェクトC	25	25	25	25	25	125
プロジェクトD	0	10	0	10	106	126

解答 プロジェクトC

ビジネスにおける投資の鉄則のひとつに、投資した資金はなるべく早く回収する、というのがある。もし、投資資金が、銀行などの金融機関からの借入金である場合は、資金の回収が遅くなればなるほど金利の負担が重くなるからである。

そこで、問題の４つのプロジェクトを比較すると、まず、５年後の合計回収金額が同じである**A**、**B**、**C**については、いち早く資金が回収できるのは**C**となるため、この３つのプロジェクトの中では、**C**がもっとも実質的なリターンが高くなる。次に、総額が**C**より多くなる**D**と比較してみる。**D**は４年後までは20億円しか回収できないし、最終的にも**C**の125億円より１億円多い回収額でしかない。結局、**C**のほうが有利であるという結論になる。

現在、金融機関の貸し出しは、超低金利。かりに年1.5%程度の金利負担がかかるとして、100億円の借り入れのため**C**の払う利息は４年間で３億7500万円、**D**は５年間で６億9000万円。このことだけでも、**C**が**D**よりも有利であることがわかるだろう。

資金回収が早い事業はリターンが大きくなる

10年後の1万円より今日の7400円

プロジェクト**A**、**B**、**C**、**D**を比べてみると、1年後こそ、**A**の回収額がいちばん多くなりますが、2年後には**C**が並びます。さらに、3年後から**C**が追い抜き、4年後になると**C**がいちばん多くなっています。

正解は**C**なのですが、なぜ、資金が早期に回収できることが大事なのかを、詳しく解説しておきます。

これは、各プロジェクトを実施するにあたって、その必要となる資金を、金融機関などからの借り入れでまかなうと仮定すると、わかりやすいと思います。

つまり、資金を借り入れているため、**プロジェクトによる資金の回収が遅れれば遅れるほど、金利の負担は、どんどん重くなります。**

これがおカネ持ちの会社で、銀行からの借り入れに頼ることなく、資金の手当てが可能であったとしても、**早期に資金が回収できれば、その資金で新たなプロジェクトを立ち上げたり、その資金を運用して、金融収入をかせぐことができます。**

また、物価上昇率（インフレ率）を考慮すると、回収が遅れるほど将来回収する資産の価値が減少します。たとえばインフレ率が年3％の場合、10年後の1万円は今日の7400円とほぼ同じ価値になります。

つまり、資金が早期に回収できるということは、さまざまなメリットがあるのです。いかに早期に資金回収するのか、という視点は、現在のビジネスにおいて、ますます重要性を増していて、ある程度の収益性を犠牲にしても、優先される事項となってきています。

やや専門的になりますが、金融の分野では、このテーマは、「割引現在価値」と「将来価値」の問題として考えられています。

現時点で受け取ることができるおカネは、将来受け取ることができるおカネに比べて、その価値は高くなる、という考え方です。どれくらい価値があるのかという計算は重要な作業で、金利や物価などの、経済・金融情勢や、企業の存続可能性などが考慮されます。

適正株価の試算にも使われる考え方ですが、内容は、別の機会に譲るとしましょう。

問題 数字力❸ オンラインショップで儲けよう!

次の4つのオンラインショップのうち、もっとも少ない売り上げで黒字化できるのはどれか?
固定費とは、売り上げの有無にかかわらず、必ずかかる費用(人件費、サーバー代など)。また、クレジットカードなどの決済手数料と配送費が商品単価の10%かかるものとする。

店　A
月の固定費　120万円
商品の単価　7000円
商品の仕入れ単価　2100円

店　B
月の固定費　80万円
商品の単価　6000円
商品の仕入れ単価　2400円

店　C
月の固定費　105万円
商品の単価　7500円
商品の仕入れ単価　4500円

店　D
月の固定費　102万円
商品の単価　8000円
商品の仕入れ単価　2400円

解答　店B

この金額を超えれば黒字になる売上高を、会計用語では損益分岐点という。したがって、4つのオンラインショップの損益分岐点を求めて、比較すれば解けることになる。
損益分岐点は、固定費÷限界利益率で求めることができる。固定費は問題文に示されているが、限界利益率は示されていない。限界利益率とは、売上高のどれくらいが利益になるか、という比率のことで、限界利益率＝1－（変動費÷売上高）で求められる。しかし、変動費も問題文に示されていないので、まずは、変動費を求めなければならない。

この問題の変動費は、「クレジットカードなどの決済手数料と配送費が商品単価の10%かかる」ことから、仕入れ単価と、売り上げとなる商品の単価の10%の合計となるので、**店A**の場合は、2100円＋7000円×10%＝2800円となる。すると、限界利益率は、1－（2800円÷7000円）=60%となり、店Aの損益分岐点は、固定費を限界利益率で割れば求められるので120万円÷60%=200万円となる。200万円売り上げないと、利益が出ない＝黒字にならないことがわかる。
同様に他の3つのショップの損益分岐点を求めると、
店B：2400円＋6000円×10%＝3000円（変動費）、
1－（3000円÷6000円）=50%（限界利益率）、
80万円÷50%＝160万円（損益分岐点）
店C：4500円＋7500円×10%＝5250円（変動費）、
1－（5250円÷7500円）=30%（限界利益率）、
105万円÷30%＝350万円（損益分岐点）
店D：2400円＋8000円×10%＝3200円（変動費）、
1－（3200円÷8000円）=60%（限界利益率）、
102万円÷60%＝170万円（損益分岐点）
もっとも少ない売り上げで黒字が出るのはBとなる。
固定費を低く抑えることが利益につながることがよくわかる。

売り上げに騙《だま》されるな

この問題は、会計用語がバンバン出てくるので、まずは用語解説をしておきましょう。

まず、**固定費ですが、売り上げがあってもなくてもかかる費用のことです**。ここでは、オンラインショップという設定なので、人件費などに加え、サーバー代が固定費となっていますが、これがリアルのショップだと、家賃や光熱費が固定費として計上されるのがふつうです。

これに対して、解答に出てくる**変動費ですが、これは、売り上げに応じて、変動する費用のことです**。オンラインショップということで、クレジットカードなどの決済手数料や配送費が変動費として扱われています。売り上げが増加すると、こうした手数料や配送費などが、多くかかってくるわけですね。もちろん商品の仕入れ代も変動費に含まれます。

そして問題は、A、B、C、Dのどの店がいちばん儲かるか？ ということなので、2問目と同じように、公平に比較するために、データを集約して、ひとつの数字で表す必要があります。

そこで、登場するのが、「損益分岐点」という考え方です。損益分岐点とは「**損益がゼロ**

となる売上高」のことをいいます。

お店や企業を続けていくには、売り上げがないと赤字になってしまいます。しかも、さきほどいったように、固定費がかかっているので、少なくともその固定費を上回る売り上げがないと赤字になってしまいます。

さらに、その売り上げには、当然変動費が入っているので、結局、さまざまな費用を加味したコストを上回る売り上げがなければ黒字になりません。その収支がトントンになるライン（金額）が、損益分岐点と呼ばれているのです。

損益分岐点は、低ければ低いほどよいのです（だから正解はBなのです）。それは、利益が出やすい仕組みを作っていることになるからです。売り上げが多くても、損益分岐点が高ければ、あまり儲かっていないことになります。

なお、**限界利益率とは、売上高が一定額増加したとき、そのうちどれだけの部分が利益の増加に結びつくかという比率**です。**当然、数値は高いほうがいい**のです。

問題 数字力❹ 複利計算は人類最大の発明!?

２つの金融商品がある。１つは複利で運用されるもので、もう１つは単利で運用されるものである。もし、それぞれの金利が同じ４％である場合、それぞれの金融商品で運用された元金が、２倍になるのにかかる期間は、何年違うか？　次のＡ～Ｄのなかから選べ。

A　8年

B　7年

C　10年

D　3年

解答　B　7年

複利を使った正式な計算は、非常に複雑な式となる。そこで、簡単に計算ができる「簡易計算法」を紹介する。これは、複利計算の「72の法則」と呼ばれるものを使った計算式で、元金（あるいは借金）が倍になる年数を、次の式で求めることができる。

72÷金利（%）＝2倍となる年数

例えば、年2%の金利が複利でつく金融商品を購入した場合、ほぼ36年で元金が倍となる。

これを問題にあてはめると、

複利の場合は、72÷4%＝18で、およそ18年で2倍。

単利の場合は、100%÷4%＝25で25年。

（単利の場合、2倍になるということは、「金利が元金の100%になる」ということと同じ）

よって正解はB、その差は7年となる。

複利を活用すれば
効率的な
資産運用ができる

アインシュタインも太鼓判！

この問題は、複利《ふくり》と単利《たんり》について知らないと解けませんが、逆に、知っていればすぐに解ける問題です。

複利とは、元本に対して金利が付く場合、付いた利子を元金に組み入れたうえで、さらに利子が付いていくことを指します。つまり「利子に利子がつく」状態のことです。

一方、単利のほうは、利子と元本は切り離され、利子は元本にしか付きません。

たったこれだけの説明だけだと、大した違いはないように聞こえますが、実は、とんでもない違いが隠されているのです。

解答では、複利の計算に簡易計算法を使っていますが、これを金利３％として計算すると、倍になるのには、72÷３％＝24年となります。同じく、単利で３％の場合は、１００％÷３％≒33・３３３……年となるので、その違いは９年強となります。金利が低金利で、比較する期間が短いときは、それほど違いは目立ちません。

しかし、たとえば、金利が高くなり、比較する期間が長くなると、大きく様子が変わってきます。

たとえば、100万円の元本を、年率10％の複利で運用した場合、49年後には1億円を超え、100年後には約138億円になります。単利の場合は、49年後には590万円、100年後には1100万円にしかなりません。

こうした試算を基にして、あの「相対性理論」で有名な物理学者・**アインシュタインは、人類最大の発明は何かと聞かれて、「複利の発見だ」と述べたといいます**（解答で使った「72の法則」は彼が発明したともいわれています）。

机上の空論といってしまえば、それまでですが、複利のすごさはわかってもらえたと思います。

また、正確な金融用語としての複利という考え方は、ゆうちょ銀行の「定額貯金」や銀行などの「期日指定定期預金」といった、満期まで確定した利率の、元本が保証された金融商品にのみ当てはまるものです。投資信託や外貨預金、ＦＸなど、利回りなどが変動し、元本に価格変動リスクがある金融商品には、複利による運用という考え方は、本来当てはまりません（この場合、正確には複利ではなく複利的運用というべきだと思います）。

問題 数字力⑤ 外貨預金はこちらの国がおトク

外貨預金をしようと考えている。４種類の通貨が候補となっていて、金利、インフレ率、為替手数料が、それぞれ下の表のようになっている。５年間運用する場合、どの国の通貨で預金するのがベストか？　期間中に条件の変化はないものとする。

	金利	インフレ率	為替手数料（片道）
通貨A	8.0%	6.0%	2%
通貨B	3.0%	2.0%	1%
通貨C	1.5%	0.0%	0%
通貨D	12.0%	9.5%	3%

解答　通貨C

金利が同じであっても、経済状態が高インフレの国は、そうでない国に比べて実質金利が低くなる。

実質金利は、金利－インフレ率で求められるので、それぞれの通貨について計算してみると、
通貨Aは、8％－6％＝2％
通貨Bは、3％－2％＝1％
通貨Cは、1.5％－0％＝1.5％
通貨Dは、12％－9.5％＝2.5％

そして、それぞれの通貨で5年間運用した利回りから、往復の為替手数料を引くと、
通貨Aは、2％×5年間－2％×2（往復）＝6％
通貨Bは、1％×5年間－1％×2（往復）＝3％
通貨Cは、1.5％×5年間－0％×2（往復）＝7.5％
通貨Dは、2.5％×5年間－3％×2（往復）＝6.5％

インフレ率を
差し引いた
実質金利で
金融商品を選ぶ

よって、通貨Cで運用するのが、もっとも効率的といえる。

インフレをどう考える?

外貨での運用を考える際に、気をつけるべきことは、実質金利です。

一度でも、ドル預金やユーロ預金などを考えたことがある人は、金利や為替の手数料については、かなり注意深く調べて比較したりしていると思います。

しかし、そうした表面的なコストだけを気にしていると、実質的には、損をしてしまうケースが存在するのです。そのときに、考える基準となるのが、「実質金利」です。

実質金利は、「金利－インフレ率」で求められます(厳密な計算はもっと複雑ですが、一般的にはこれで間に合います)。この場合の金利とは、その通貨を発行している国の中央銀行が定めている政策金利のことです(日本の場合は、日本銀行が定めている「無担保コール翌日物」という金利になります)。一方、インフレ率とは、その通貨を発行している国のインフレ率のことで、通常、消費者物価指数(前年比%)が計算に使われます。

そして、この**実質金利が高い国の通貨を選んで、外貨預金をすることが大事**なのです。

では、なぜ表面的な金利よりも、実質金利のほうが重要なのでしょうか?

その理由は、インフレ率にあります。「金利－インフレ率」の計算式からすると、通貨の金利が高くても物価の上昇率が高ければ、実質金利は低くなってしまいます。つまり、インフレ率が高い国の通貨は、外貨預金で不利になる仕組みになっているのです。次に、その理由を考えてみましょう。

物価の上昇率が高いと、どうなるか？　**通貨の価値が、時間の経過とともにどんどん下がっていってしまいます**。

たとえば、今年1万円で買えた靴が、来年1万1000円になったとすると（インフレ率は10％）、通貨の価値が10％減少したことと、同じになってしまいます。

金利の高さに目を奪われ、喜んで外貨預金をしても、実質的にはほとんど利息がついていない、ということも十分ありえるわけです。

第5章
水平思考力パズル
――否定力、展開力、試行力を鍛えるトレーニング

脳は水平思考力を嫌う⁉

ここから、水平思考力パズルです。こちらも、否定力、展開力、試行力のそれぞれについて5問ずつ、難易度順に並べました。

水平思考力問題は、一見簡単そうなものでも、最初のうちはなかなか解答を見つけられないかもしれません。でも、それは無理のないことなのです。脳科学的な理由がちゃんと存在するのですから。

実は、**脳は、「安定を好み、変化を嫌う」という基本的な性質を持っています**。つねに、安定に向かうように、感情や身体的な機能をコントロールするようにできているのです。その一方で、変化に対しては、それをなるべく回避するようにコントロールし、より大きな変化に対しては、「恐怖」といった感情を起こすことが知られています。

とても楽しみにしていたイベントやデートなのに、直前になると面倒くさくなったりした経験はありませんか？ それも、変化を回避しようとする脳の働きによって、生み出される感情であるとされています。

このように、脳は安定志向が強く、変化や不自然なことを嫌います。その結果、外の世界から受ける、さまざまな刺激や情報についても、脳にとっては自然な、「見慣れた・聞き慣れた・感じ慣れた」ものに分割して、理解しようとする傾向にあります。

つまり、逆にいうと、水平思考力のような**新しいアイディアや変化を生み出そうとする思考力は、脳にとって負担になるようなことをしなければ、養成できない**といえます。

そこで、水平思考力のなかでも否定力が重要になってくるのです。

水平思考力は、否定力↓展開力↓試行力のプロセスを経て作られる、ということはすでに説明していますが、この思考法の入り口となる否定力で、**常識や先入観といった既存の「ものの見方・考え方」を否定することなしには新しいアイディアは生まれない**といって過言ではありません。

第1章で、フレンチレストランの話を紹介したときに、飲食業界で働いた経験のない人間が、コンサルタントとしてビジネス上の課題を解決できる理由を述べました。なぜコンサルタントが問題を解決できるのか、それは高度な思考力があるからだと説明しましたが、本書をここまで読み進めてこられた方は、その理由がよりはっきりとわかるのではないでしょうか。

その業界で働いた経験がないからこそ、業界の常識や先入観にとらわれず、新しい提案ができるのです。業界で長く働いている人ほど、常識に縛られてしまい、それを否定することは難しくなります。しかし、コンサルタントたちは、まず、常識を否定するところから、問題解決のアプローチをスタートさせるのです。

私が現役のコンサルタント時代に、成果を挙げた案件のひとつに、こんなことがありました。クライアントであった会社が、他社の開発に共同参加したいのだが、政府の行政指導や規制があって参加できない、どうすべきか？　と悩んでいたのでした。そこで私は、本当に、そんな規制があるのかと、まず疑って調べたところ、実は、その規制は10年も前に撤廃されていて、何の障害もないことが判明し、あっという間に問題が解決してしまいました。

これはやや極端なケースかもしれませんが、**業界にドップリと浸《つ》かっている人ほど、その業界特有の常識や先入観に縛られている**ことがよくわかると思います。

コツさえつかんでしまえば（基本的な思考力のトレーニングも含む）、コンサルティングというのは、できてしまうものなのです。「このテの問題にはこのセオリーを」といういくつかのパターンをひと通り経験してしまえば、だんだん、繰り返しや、以前試したことがある対処法をちょっとアレンジして与えられた事案に当てはめることが増えてきます。そのことに気づき、また未知への挑戦による成長がほしくなったことも、私がコンサルティング会社を辞めたことの大きな理由のひとつです。

水平思考力の元祖のアドバイス

水平思考力のトレーニングに入る前に、先にも触れた、水平思考力の創始者と言われるエドワード・デボノが、自身の著書で紹介している、水平思考力が身につく方法を紹介しましょう。これは、ビジネスにも応用できるもので、おすすめです。ここでは、4つ挙げておきます。

1つめは、何かしらの問題に直面したときには、**意識して複数の見方をするように心掛けること**。最初のうちは、3通りと決めておき、慣れてきたら5通りに増やしていく。その際に注意すべきことは、どんなに馬鹿げた見方でもよいから、決めた数は必ずクリアするようにすること。繰り返すうちにどんどん簡単になってくると、デボノは言っています。

2つめは、**物事の関係を意識的にひっくり返すようにする**。たとえば、家の壁は、屋根を支えているのではなく、屋根から吊り下げられている、と考えたりする。ものの関係性を、逆転させて、見るようにします。

3つめは、**抽象的になりやすい問題は、より具体的な、類似した状況に置き換えて考えてみる**こと。置き換えたあとの状況は、具体的なイメージを持つので、解決策が思いつきやすくなる効果があるとしています。

最後は、**重要な問題点となっている部分から、意識的に注意をそらし、あまり重要でないと思われる部分に注意を向ける**ようにしてみること。

デボノは、手品、マジックについて言及しています。彼によれば、マジックのトリックはほとんどが水平思考力によって生み出されているものであり、論理思考しかできない人ほどトリックに騙《だま》されやすい、ということです。

確かに、マジックは、観客の注意力を意図的に集中させたり、そらせたりして、欺《あざむ》いていくエンタテインメントです。それを考えると、いま挙げた、デボノによる水平思考力トレーニングの4番目の方法は、かなり実践的なやり方といえるのではないでしょうか。水平思考が得意になれば、マジックのトリックを見破れるようになるかもしれませんね。(デボノについては、205ページで詳しくご紹介します)。

そうした点にも気をつけて、水平思考力パズルにチャレンジしてみてください。

否定力を鍛える

水平思考力トレーニングのはじめは「否定力問題」です。

一般的に常識とされているものを疑い、否定をすることで、正解を見つけることができます。

問題を解くコツとしては、**問題文の中にある「常識」をまず見つけ出し、それをいったん否定する**、ということがポイントとなってきます。

ただし、問題は、常識がわかりやすく明示されているものばかりではありません。問題の設定段階で、すでに、何らかの常識が前提条件となっているケースもあります（「暗黙の了解」ならぬ、「暗黙の常識」と呼ぶべきものかもしれません）。

その隠された常識を発見できるかどうか、「気づき」が、重要になってくるでしょう。

また、水平思考力問題は「コロンブスの卵」のように、答えを聞いたら、「なぁーんだ！」といったものが多いかもしれません。しかし、「なぁーんだ！」と強く思う人ほど、常識に強く縛られている人でもあるのです。

問題 否定力❶ 4つの水差し

下の４つの水差しのうち、水がいちばん多く入るのはどれ？

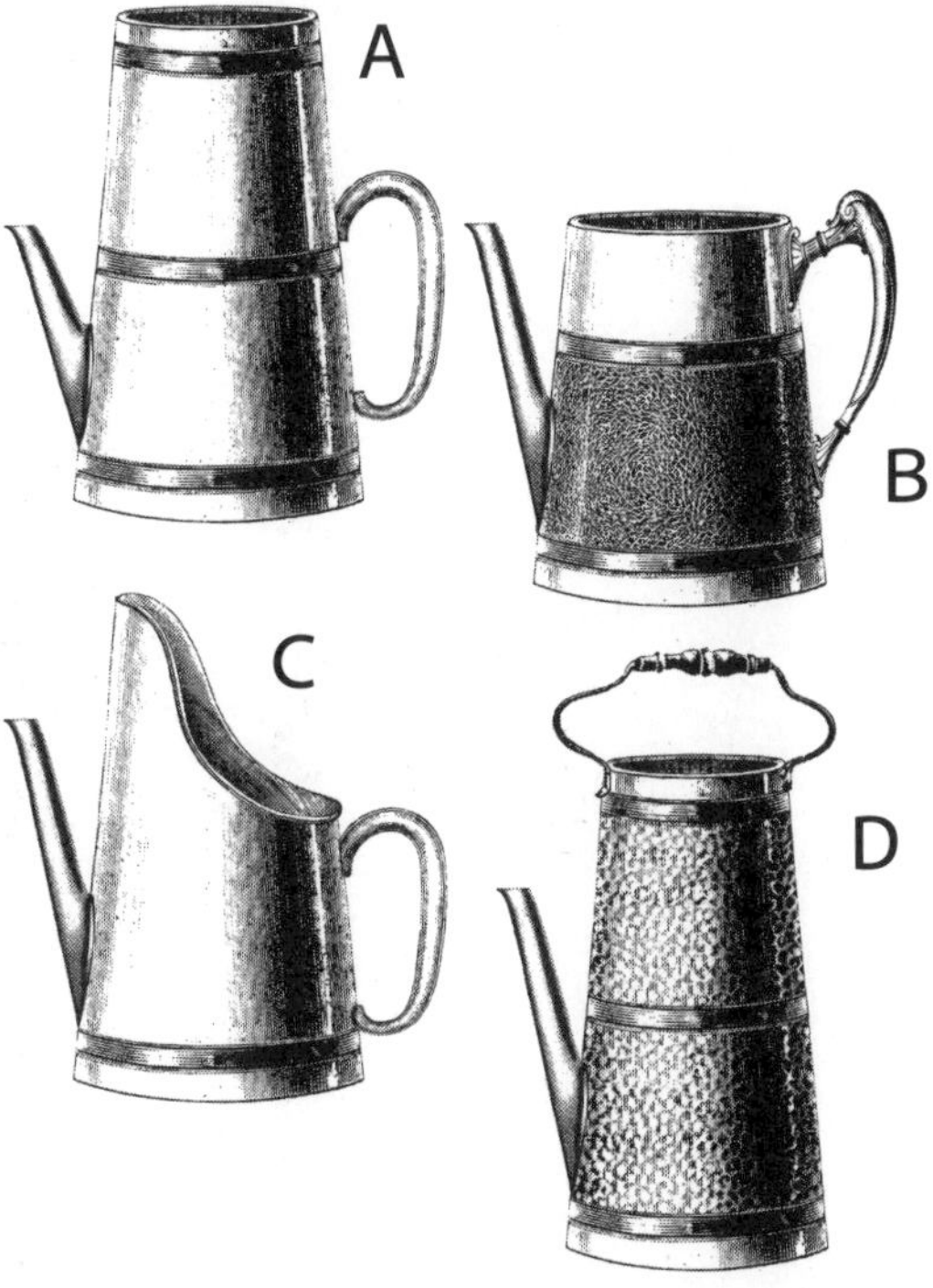

解答　B

４つの水差しの胴の太さ、胴の高さ、注ぎ口の高さ、胴の欠き切り（注ぎ口の反対部分）の高さを比べる。
いちばん見落としそうなのは注ぎ口の高さで、胴自体が高くても、水は注ぎ口の高さまでしか入らないことに気がつかないと、落とし穴にはまることになる。

A、**B**、**C**は、胴の太さは同じだが、**A**は**B**より注ぎ口の高さが低く、**C**は**B**より欠き切りの位置が低いので、この中でもっとも多く水が入るのは**B**だといえる。
そこで、残る**B**と**D**を比べると、注ぎ口の高さは同じだが、胴の太さは**B**が**D**より太い。

よって、水がもっとも多く入る水差しは**B**。

A　B　C　D

問題　否定力❷　錯視に騙されるな

1　＞　＜と＜　＞にはさまれた線は、どちらが長い？

2　３本の線は平行？　それとも平行でない？

3　この円は完全な円？　それとも違う？

4　この正方形は歪んでいる？　いない？

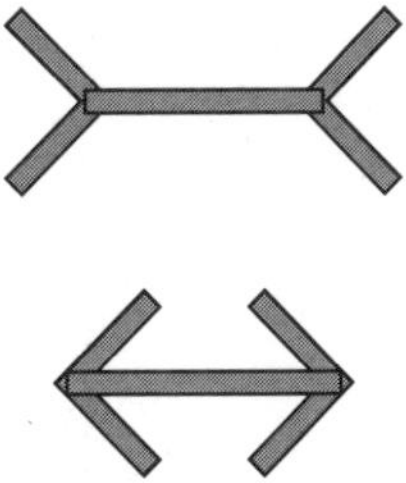

1

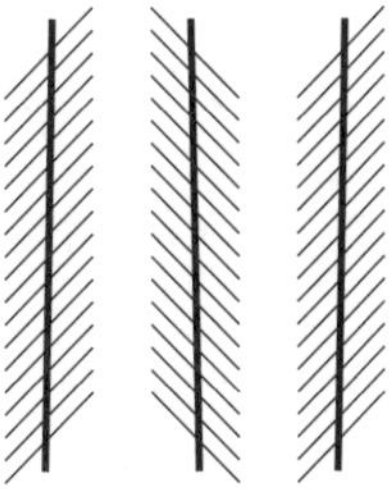

2

3

4

解答

1　下のほうが長い
2　３本とも平行ではない
3　真円ではない
4　歪んでいる

「錯視問題」だからといって、「同じ長さだ」「平行だ」「真円だ」「完全な正方形だ」という思い込みは禁物！

そういう「思い込み」（＝常識）のウラをかいた問題。否定力問題は、まず常識を否定することから始まる。

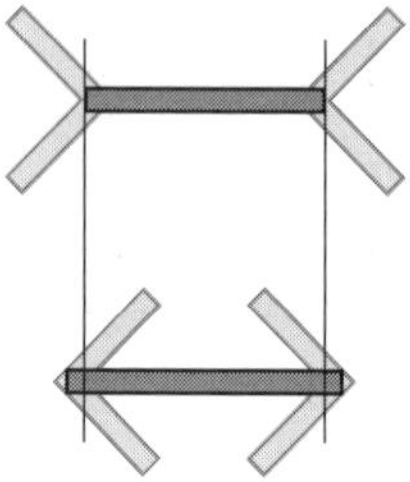

1

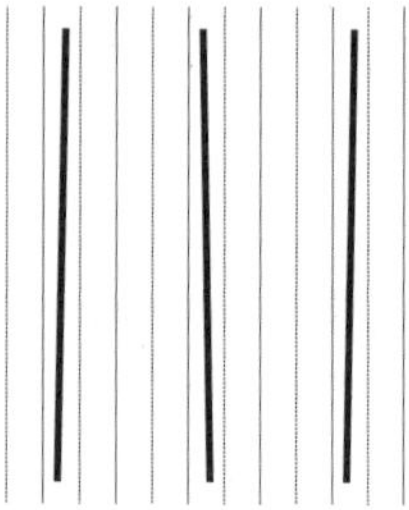

2

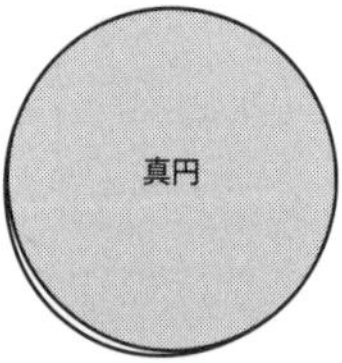

3

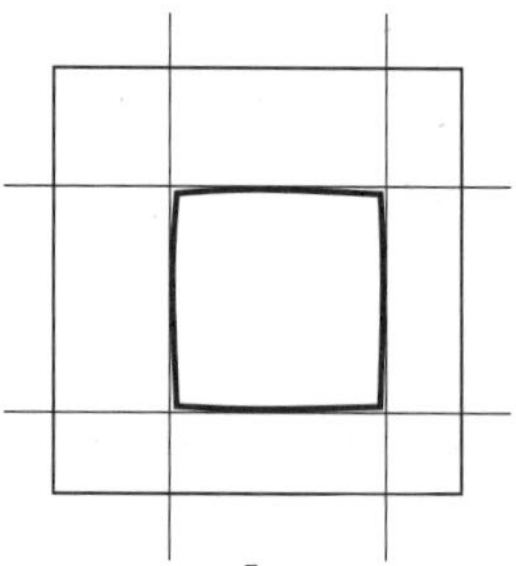

4

問題 否定力❸ 海賊の財宝を発見！

大富豪のもとに、トレジャーハンターを名乗る男から、以下のような手紙が届いた。

「海賊の財宝を発見した。発掘のための費用として金貨500枚を送ってくれたら、宝箱の金貨はすべてあなたに差し上げよう。
実は、事前の調査で以下のことがわかっている。

●10個の宝箱にそれぞれ異なる枚数の金貨が入っている。
●いちばん金貨が少ない宝箱には100枚の金貨が入っている。

宝箱は発見したときの状態でお送りする。
万が一、事前の調査内容と中身が異なるときは、金貨500枚はすべてお返しすることを約束しよう」

もし、この話がホントなら、最低でも金貨は1000枚以上あると考えた大富豪は、さっそく、発掘費用の金貨500枚を送った。すると、すぐに、トレジャーハンターから宝箱が届いた。
調査内容に間違いはなく、中身の金貨はすべて本物だったが、条件を満たす最低枚数であったため、大富豪は大損をしたという。

いったい財宝の金貨は何枚あったのだろう？

解答　109枚

届いたのは大きな宝箱が１つ。イヤ～な予感がしつつ、大富豪が蓋《ふた》を開けてみると中には１枚の金貨と一回り小さい宝箱が入っていた。
その宝箱の中には１枚の金貨とさらに小さな宝箱。開けても開けても、金貨１枚と宝箱……そして、10個目のいちばん小さな宝箱には100枚の金貨が入っていた。

宝箱はロシアの人形・マトリョーシカのような、入れ子式になっていたのである。

問題 否定力④ 裏切り者を始末しろ

あるマフィアの組織で、組織の秘密口座から巨額の資金が引き出されていた。どうやら組織内に裏切り者がいるようだ。

やがて、嫌疑のかかる人間が３人あぶりだされた。だが、誰がやったか決定的な証拠はない。極秘に処刑の依頼を受けた男は、ボスから容疑者３人の情報を与えられた。

容疑者A　組織のカネの流れ全体を掌握している会計士。秘密口座の暗証番号を知っているという噂がある。愛人を高級マンションに住まわせて頻繁に出入りしているらしい。

容疑者B　ボスのお抱え運転手。博打で大きな借金を抱えていたのだが、最近大金が入り、全額返済したらしい。本人は「親の遺産が入った」といっているらしいが、真相は不明。秘密口座がある銀行まで車でボスを連れていっていた。

容疑者C　ボスの愛人。かつて他の組織の幹部の情婦だった。男グセが悪く、ボスの愛人となったあとも若手幹部をつまみぐいしまくっているという。それどころか、容疑者Aの愛人は実はCだという怪文書が、ボス宛に送られてきた。

「かぎりなくクロに近い奴らだが、決め手がない……」

困り果てた表情をしたボスに向かって、その男は言った。

「安心してください、ボス。任務は遂行しますよ」

そしてその言葉どおり、男はまもなく裏切り者を処刑した。

男は３人のうち誰を処刑したのだろう。

解答　3人全員を処刑した

男の目的は裏切り者を処刑することで、誰だかを明らかにすることではない。そこで、3人全員を処刑したのである。

問題　否定力❺　燃える麻雀

「ロン！」

「こっちもロン、悪いな、頭ハネだ」


４人で麻雀《マージャン》をやっている。北家が発したロンの声を掻き消すように、西家が上がりを宣言した。

「またか、オマエにはいつもやられっぱなしだな……」


そのとき南家が突然叫び声を上げた。

「うわぁ、助けてくれ！　熱い、息ができない！」


その言葉どおり、彼は10分後には炎に包まれ、そのまま焼け死んでしまった。

だが、彼と対戦していた他の３人には何の被害もなかったのだが、いったいなぜなのか？

解答

麻雀は麻雀でも、オンライン（ネット）麻雀だったため、南家の住まいが猛火に包まれていたときも、他の３人はまったく関係がなかった

展開力を鍛える

「展開力問題」は、常識を否定した上で新しいものの見方を導入し、思考の広がりを出す力を試す問題です。

展開力は、否定力のあとのプロセスとなるため、当然、否定力も試されることになりますが、ここでは、展開する力がいちばん必要とされるパズルをならべています。展開力問題を解くことは、**水平思考力問題の中でも、もっとも創造性が求められるといえるかもしれません。**

また、否定力問題よりも、前提とされている「常識」が読み取りにくくなっている場合があります。そんなときは、「何が常識となっているのか?」という水平思考の基本に立ち返って、問題文を読み返してみることが大事でしょう。

展開力は、新しいものの見方、新しいアイディアを思いつくかが勝負の分かれ目。クリエーターにでもなったつもりで、思考してみてください。

A

B

C

問題 展開力❶ 四コマ漫画

次の四コマ漫画の１コマ目から３コマ目は、ある決まりにしたがって描かれている。その決まりにしたがった場合、４コマ目には、Ａ～Ｃのうちどの漫画が入ればよいか？

解答　A

1コマ目は「起きる」→2コマ目は「(注文を) 承る」→3コマ目には「転ぶ」という要素が入った漫画が描かれている。つまり、「起」→「承」→「転」→という流れになっているので、最後は「起承転結」の「結」を意味する、靴紐を「結ぶ」場面の漫画が入ることになる。

問題 展開力❷ 9つの点

下の９つの点を、一筆書きの要領で、ペンを紙から一度も離すことなく直線でつなぎたい。５本の直線でつなぐのは簡単にできるはずだが、さて４本の直線だけでつなぐことはできるだろうか？

解答　下図のとおり

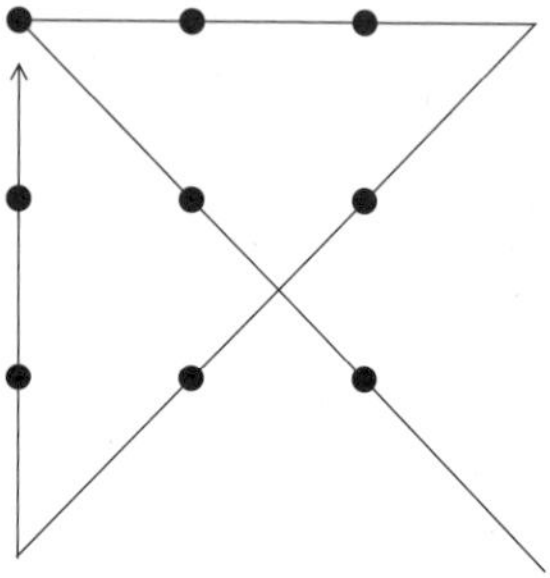

図のようにすれば、４本の直線の一筆書きで結べる。水平思考力問題では、常識の枠から外に出る発想が大切。９つの点を結ぶために、「いったん枠外に飛び出して線を引くこと」を発想できるかできないかが、この問題のキモ。

さて、じつはこの問題には、もう１つ、直線３本で結ぶことができる、という究極の水平思考というべきか、常識の外へ、さらに大きく飛び出す「別解」もある。●をよーく見ると、小さい点だが、直径の分の幅があるので、①まず、右上の点の右端スレスレと右下の点の左端スレスレを結び、②中央下の点の右端スレスレと中央上の点の左端スレスレを、次に③左上の点の右端スレスレと左下の点の左端スレスレを直線で結ぶと、①②③は、アルファベットのＮを超縦長にしたような３本の直線となり一筆書きできる、というわけ。

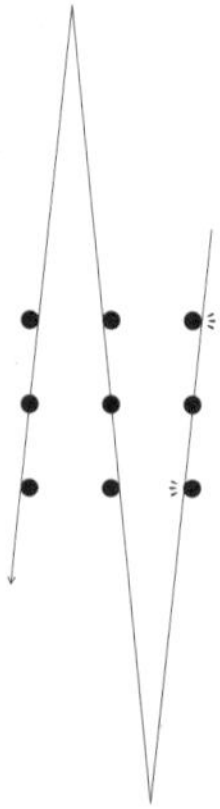

問題　展開力❸　メジャーリーグ計算の謎

米メジャーリーグの某球団では、日本人選手が１年ごとに入っては辞めていくという事態が、頻発していた。原因を探っていたスポーツ記者の私は、あるクイズが新入り日本人選手を苦しめているらしいという情報を入手した。

それは次のようなものだった。
「ある法則がある。２＋11＋９は10だ。３＋８＋19も10だ。じゃあ、１＋９＋８はいくつだ。日本人はお利口さんらしいから、このぐらいわかるだろ？」

どうやらこの問題に答えられなかった日本人選手たちがノイローゼになり、チームになじめず去っていったというのが真相らしい。

あなたは、この計算の謎が解けるか？

解答　1

2＋11＋9を英語で表すと、「2＝TWO、11＝ELEVEN、9＝NINE」、「3＋8＋19」は、「3＝THREE、8＝EIGHT、19＝NINETEEN」で、それぞれの頭文字をとって並べると、どちらもTEN＝10になる。

この法則でいくと、「1＋9＋8」は「1＝ONE、9＝NINE、8＝EIGHT」となり、ONE＝1が正解。

問題 展開力④ 山羊飼いの機転

あるところに山羊飼いの少年がいた。彼の主人である農場主は、ずるがしこい男で、よく働く少年に雀の涙ほどの給料しか渡さない。
「ご主人様、給料を上げてください」少年はある日、涙ながらに訴えた。

農場主はしばらく考えると、納戸の中へ入り、くしゃくしゃに丸めた紙を２つと、くずかごを手に出てきて、ニヤリとしながらいった。

農場主「よかろう、それではひとつ、私とゲームをしてみないか？　ここに丸めた紙が２つある。２つのうち片方には○、片方には×と書いてある。これをこの空っぽのくずかごの中に入れる。２つのうち○と書いた紙を取り出したらお前の勝ちで、給料は２倍にしてやる。ただし、×のほうを引いたら給料は半分にするぞ」
少年「ご主人様、その２つの紙に○と×が１つずつ書いてあるかどうか、確かめさせてください」
農場主「何だと？　お前はこの私を疑うのか？　そんなことならゲームはやらずに給料を半分にするぞ」
少年は仕方なくゲームをすることにしたが、どうやら農場主はどちらにも×を書いたようだ。

さて、少年はこのピンチをどうやって切り抜ければいいのだろうか？

解答

引いた紙に、もし○と書いてあれば、それを示す。予想どおり×だったら、その紙を山羊に食べさせてしまう。その後、農場主に「こっちの紙は山羊が食べてしまいましたが、そっちに残っている紙に×と書いてあれば、私が引いたのは○だったことになりますね」といって、山羊飼いの勝ちを認めさせる（紙を自分で飲み込んでしまっても可）

水平思考の提唱者もやっぱりパズル好き

ここまでに何回か触れましたが、水平思考（＝ラテラル・シンキング）の提唱者は、イギリスのケンブリッジ大学医学部の教授だったエドワード・デボノと言われています。専門は情報処理の心理学的研究という、当時としては非常に先進的な分野で、その研究成果は、つねに内外で賛否両論を巻き起こしていたようです。

そんな彼が、１９６８年に出版した『水平思考の世界』は、全世界でベストセラーとなりました。'69年に来日を果たしており、当時大きな話題になりました。

日本語訳は、原著が発表された翌年の'69年に、講談社から刊行されました。

デボノは、その『水平思考の世界』の第一章の冒頭で、こんなパズルを紹介しています（以下は要約です）。

〈昔、ロンドンの商人が、借金を返済できずに困っていた。悪名高い金貸しは、その商人の若い娘に目をつけ、娘をくれるなら借金を帳消しにする、という提案をしてきた。

途方にくれる商人と娘に対して、金貸しはさらに別の提案をする。空っぽの財布に黒と白の二つの小石を入れたあと、娘にその小石を取り出させるのだという。そして、取り出した石が白だったら、娘は今までどおり父親である商人と一緒に住むことができ、しかも借金は帳消し、だが、黒だったら、借金は帳消しにするが、娘は金貸しの妻にならなくてはならないという。もし、娘が石を選ぶのを拒否すれば、父親は監獄送りにされる……。

商人は、仕方なくこの提案に同意する。そして、三人が立ち話をしていた商人の庭で、金貸しが素早く二つの小石を拾って財布に入れた。ところが、娘は、財布に入れた小石が、二つとも黒い石であることを目ざとく目撃する。

思わずゾッとするが、父親は気づいていない。金貸しは、容赦なく財布を渡そうとする。もし、あなたが、この不運な娘に助言できるとすれば、どう言ってやるか?〉

デボノは、私がこれまで本書で解説している「論理思考力」に該当する思考力として、「垂直思考力」（訳書では「垂直的思考」）という言葉を使っているのですが、『水平思考の世界』でこの問題を出題したあと、垂直思考しかできない人の解答として、次の3つの例をあげています。

1　石を選ぶのを拒否する。

2　財布の中を開け、二つの黒い石しか入っていないことを追及し、金貸しの欺瞞《ぎまん》を暴《あば》く。
3　黒い石を選んで、父親を監獄送りから救うために、自分を犠牲にする。

デボノは、この3つの解答は、いずれも役に立たないとバッサリ斬り捨て、水平思考力（訳書では「水平的思考」）によって考えられた〝正解〟を紹介し、**新しいものの見方やアイディアを生み出すときには、垂直思考力よりも水平思考力が必要であるとし、その優位性を説いています**（この正解は213〜214ページで紹介しています。みなさんも考えてみてください）。

水平思考はいかさま？――創始者の苦労

私がおもしろいと思ったのは、デボノが、「**水平思考の答えとは、わかってしまうとなんでもないように見えるが、自分で解くのは非常に難しい**」と述べていることです。

コロンブスがある夕食会において、「テーブルの上に卵を立てることができるか？」と問うたが誰も成功せず、彼だけが、卵の下をつぶしてテーブルの上に立てたエピソードを紹介しているのですが、「これも立派な水平思考である」と評価したあとにこう続けているのです。

「こうした水平思考的解決は、垂直的思考の人たちからみれば、いかさまのように見えることがある。だが、いかさまだという非難が強ければ強いほど、そうした批判者たちが、実体のないルールや仮定（＝先入観）にいかに強く縛られているかということを、暴露しているにすぎない」と、語気を強めて（強がって?）語っています。

おそらく、『水平思考の世界』を発表したばかりのころは、そのような批判をあちこちで受けていたのではないでしょうか。

「水平思考なんて偉そうなことを言っているが、単に、パズルを解いているだけじゃないのか」といった具合です。きっと、デボノは歯がゆい思いをしていたのではないかと想像します。

『水平思考の世界』が世に出てから、40年あまり。今では、学問の世界を飛び出し、水平思考はビジネスの世界でも、確立された思考法として、重要視されるようになりました。また、パズルも思考力を試し、鍛えるものとして、認知されました。

デボノ博士も、この現状には、満足しているのではないでしょうか。

水平思考と垂直思考（論理思考）は表裏一体

『水平思考の世界』では、垂直思考に対して、〝古くてつまらないもの〟といったようなネガティブな記述が目立ちます。きっと、デボノは、水平思考の良さを強調しようとするあまり、垂直思考には思わず攻撃的になってしまったのだろうと思います。

しかし、よく読むと「水平思考と垂直思考はコインの表裏のようなものであり、補い合う関係にある」と、垂直思考の有用な部分についてもきちんと述べています。

加えて、**水平思考で新しいアイディアが生まれたあとは、垂直思考でそれを実用性のあるものに発展させていく必要がある**、とも語っています。

私は、水平思考の前の段階で、論理思考（垂直思考）をすることが、問題解決のスピードアップにつながることを体験的に知っており、この本でも、みなさんにそれをすすめてきていますが、水平思考で新しいアイディアや問題解決策が見つかったら、そこで思考を止めてしまってはいけません。

水平思考で生まれたアイディアは、論理思考で発展させ、現実のビジネスに落とし込む作業が必ず必要となってきます。

水平思考と論理思考が見事にかみ合って、大成功を収めている企業を紹介しましょう。みなさんも、よくご存じの『ユニクロ』を展開している、ファーストリテイリングです。不況にもかかわらず、ここ数年、最高益を更新している同社の強さの秘訣は、「ＳＰＡ」というビジネスモデルにあります。

ＳＰＡは、「製造型小売業」（Speciality store retailer of Private label Apparel）と呼ばれるもので、'80年代に、アメリカのアパレル業界で生まれた経営スタイルといわれています。採用している代表的な企業としては、日本でもおなじみのＧＡＰやＨ＆Ｍ、ベネトンがあり、ＧＡＰが最初に始めたとされています。

具体的には、商品の企画から始まり、工場での生産、そして店舗での販売（＝小売り）まで、商品の供給側のすべての工程を、一貫して自社で手がけている企業を指します。

ＳＰＡ型企業の強みは、なんといっても、提供する商品の安さです。デパートやアパレル専門店の商品よりも、圧倒的に低価格の商品をそろえています。では、なぜ、安い商品を提供することができるのでしょうか？

そもそも、アパレル業は「ハイリスク・ハイリターン型」のビジネスとされてきました。商品の売れ行きが、流行に左右されやすく、その流行を読むことが非常に難しいために、作った洋服が当たれば儲けは大きくなりますが、逆に、外《はず》れると損失も大きくなります。

そのため、アパレル業界は、企画・生産・卸し・小売りを別々の会社が行い、リスクを分散することが常識となっていました。商品が売れなくても、その損失をみんなで分け合って、個々の傷を浅くしようという発想です。

しかし、生産してから販売するまで、いろいろな会社（中間業者といいます）を経由するため、商品の原価に比べて、実際の販売価格は、かなり割高なものになっていました。中間業者にも利益を与えないとビジネスモデルとして成り立たないからです（アパレル業界では、商品の原価の平均は2割程度といわれています）。

一方、ＳＰＡは、自社ですべての工程を行うため、中間業者にかかるコストを削減することができます。その削減したコストを、商品の価格に反映させるというわけです。

また、自社で全工程を手がけることで、店頭の売れ行き状況に応じて、生産や在庫のコントロールなどが行えるので、より利益を上げられる仕組みとなっています。

つまり、ハイリスク・ハイリターンであるため中間業者が多くても仕方がない、という常識を否定し、自社だけですべてを行った結果、ＳＰＡの強さが生まれたのです（ただし、すべてのリスクを自社で背負うというマイナスの側面はなくなりません）。

水平思考から、ふたたび論理思考へ

いままで説明してきたことが、従来のSPA型企業の強さの秘訣だとすると、これからお話しすることは、ファーストリテイリングが、論理思考でさらに強さに磨きをかけているというケーススタディです。

これもまた、みなさん、よく知っていると思いますが、'08年から'09年にかけての冬期、ユニクロの最大のヒット商品は、『ヒートテック』でした。

吸湿発熱素材を使った肌着として、防寒にすぐれた点が大人気を呼び、全世界で約280万枚を販売したと言われています。

実は、ヒートテックは'03年には商品化され、販売もされていたのですが、大ブレークしたのは今シーズンになってからでした。その理由は、徹底した研究開発による質の向上です。おそらく、アパレル業のSPAとしても世界で類例を見ない、繊維の段階から製造開発を手掛けたのです。

実際は、繊維メーカーである東レとの共同開発ですが、時間をかけて、低コストで性能の高い繊維を開発した結果、既存の防寒性の高い肌着と比べ、性能はほとんど変わらないにもかかわらず、価格を3分の1から4分の1にすることに成功したのです。

SPAの強みを、論理思考的に（あるいは垂直思考的に）どんどんと掘り下げて、追求していった結果の成功といえるのではないでしょうか。

ここで、私が強調しておきたいのは、論理思考→水平思考→論理思考……というように、**バランスのとれた思考力を発揮することで、ビジネスでは、最大限の効果を発揮する**、ということです。

このプロセスは、世界や物事は「正（論理的発展）→反（否定）→合（統一）」という経過をたどるものである、という「弁証法」の考え方にも似てくるのですが、それは、また、別の機会にご紹介してみたいと思います。

では、展開力問題へと、戻りましょうか。


と、その前に悪徳金貸しのずるい提案の水平思考的解答を。

娘は、財布の中に手を入れ、小石を1つ取り出すが、白か黒かが判別できないうちに、下に落として、他の石に紛れさせてしまう。

そして、「ごめんなさい。でも、財布に残っている小石を見れば、いま落とした小石の色がわかりますよね」と、金貸しに言って、黒い小石を取り出す。
すると、金貸しは自分のやったインチキを認めるわけにはいかず、落としたのは白という
ことになって、娘は金貸しに嫁がなくてすみ、借金も帳消しになる。

解答は、いかがでしたか？
デボノ博士は、「垂直的思考をする人は、娘が石を選ばなければならないということにこだわってしまい正解にたどりつけないが、水平的思考をする人は、財布の中に残る石に目をつけるのだ」という注釈を付け加えています。

問題 展開力❺ 輪ゴムを入れ替えろ

左図のように黒い輪ゴムにグレーの輪ゴムを通し、黒い輪ゴムを、右図のように親指にかけた。この状態から、親指と人差し指を離さずに、黒い輪ゴムとグレーの輪ゴムの位置を入れ替えたいのだが、さてどうする？

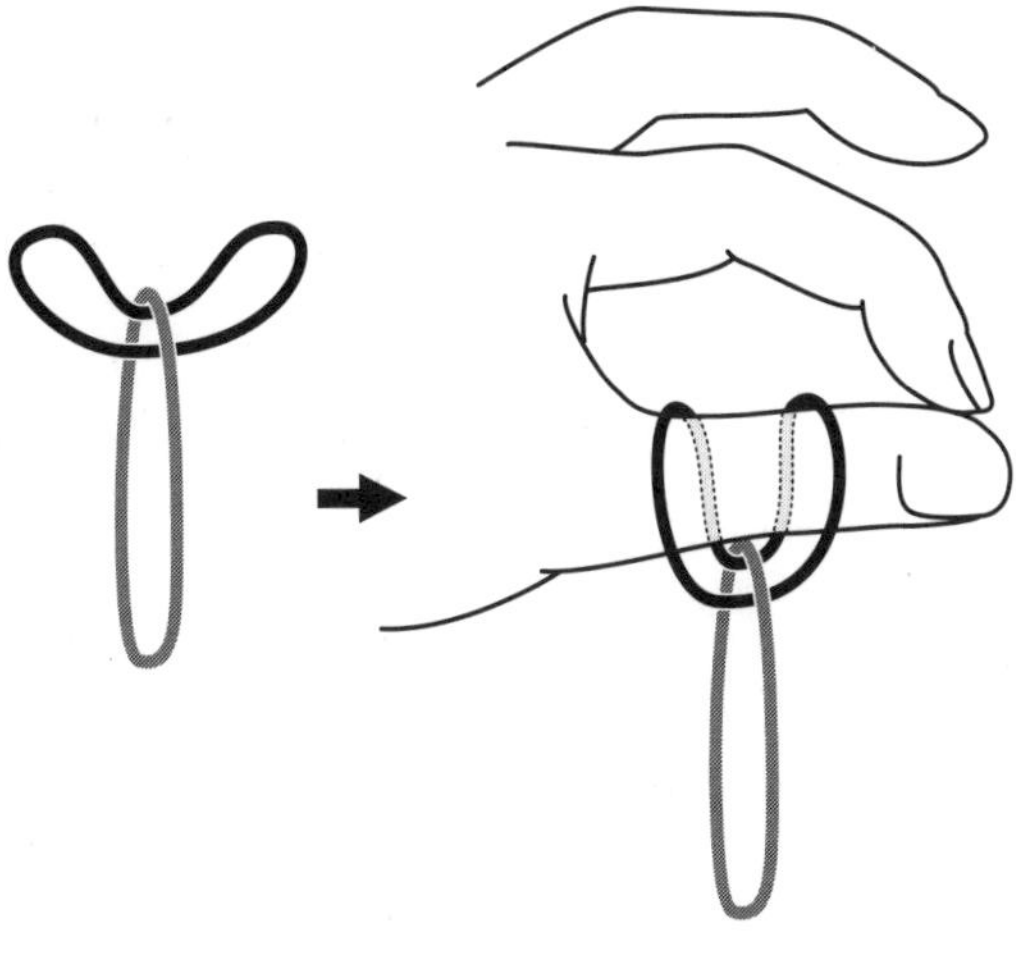

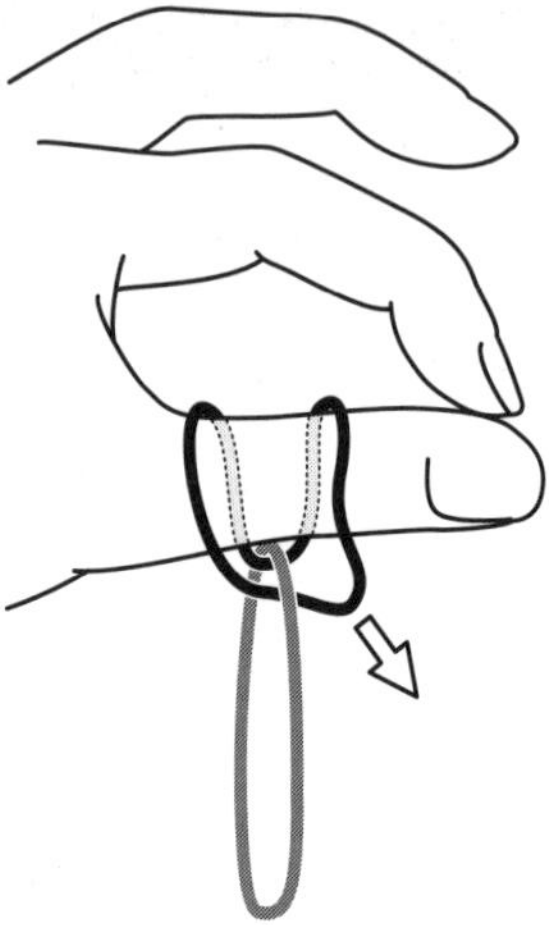

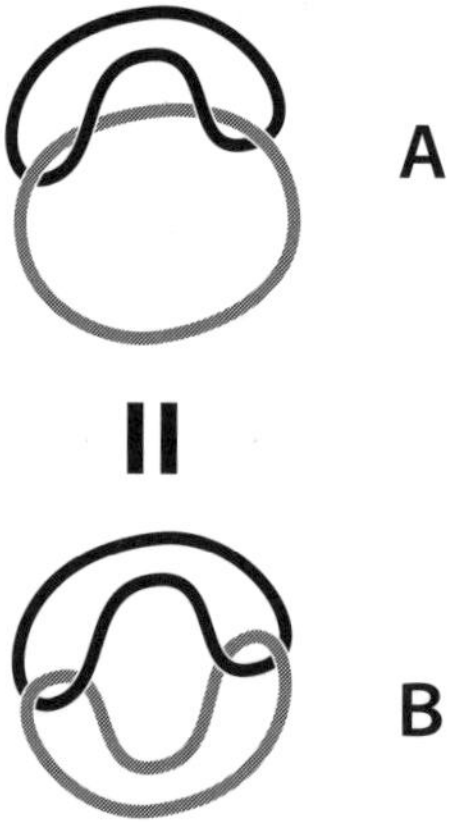
A
B

解答

右上図の矢印のところを矢印の方向に引っ張れば、そのまま、黒い輪ゴムとグレーの輪ゴムの位置は逆転する

この問題は、輪ゴムが人差し指と親指の閉じた輪に組み合わさって見えることで、あたかも指を外さなければ２本の輪ゴムを動かすことができないように思える。そのため、指をくっつけたままでは輪ゴムの入れ替えは不可能だと思い込んでしまう。

しかし、ここで２本の輪ゴムをよーく見てみると、「輪ゴムは親指にかかっているだけで、人差し指は単なる添え物」だとわかるはずだ。そこで問題文の、「グレーの輪ゴムを通した黒い輪ゴムを親指にかけた」とはどういう状態か、位置関係をあらためて考えてみよう。

これは２つの輪ゴムを右下図のＡのように組み合わせ、両方を引っ張ってできた形Ｂの真ん中にある輪の部分に親指を通し入れただけと見ることができる。これを、黒い輪ゴムを親指にかけて、グレーの輪ゴムをだらりと伸ばしたまま（右下図Ａの状態）にしたのが問題の図である。
ここで、右下図のＢを上下逆転してみよう。つまり、グレーの輪ゴムを親指にかけ、黒い輪ゴムを下にだらりと伸ばせば、２色の輪ゴムは問題の図と入れ替わる。つまり、親指が２色の輪ゴムの黒側につくか、グレー側につくかのどちらかの違いだけである。親指は２色の輪ゴムの間を行ったり来たりしていると考えればいいわけだ。

実際に色の違う輪ゴムを使って、確かめてみよう。

試行力を鍛える

いよいよ、最後の「試行力問題」になりました。

試行力は、一見無関係に見える物事を、ひたすら組み合わせて正解を得る力です。水平思考力の最後のプロセスであり、**否定したあとに↓いろいろと考えだされたアイディアを↓どんどん組み合わせていくことが求められます**。

試行力は、組み合わせの労力を厭《いと》わないことがポイントとなるので、水平思考力というよりも、「根性主義」のように見えます。確かに、そういう面もないわけではありません（そもそも、考え抜くには根性が必要です）。

しかし、現代においては、組み合わせることは非常に重要なことなのです。脳科学的にも、アイディアを自分で生み出していると思っているのは錯覚で、**それまでに生きてきた環境や脳にインプットされた情報が、組み合わさることで生まれる**、という見方が定説となっています。

つまり、試行を繰り返すことは、立派に創造的な行為なのです。

問題 試行力❶ 十字形を正方形に!

十字形をいくつかのパートに切り、それを並べかえて正方形を１つ作りたい。
うまく正方形になるのは、下のA～Dのうち、どの切り方をしたものか？

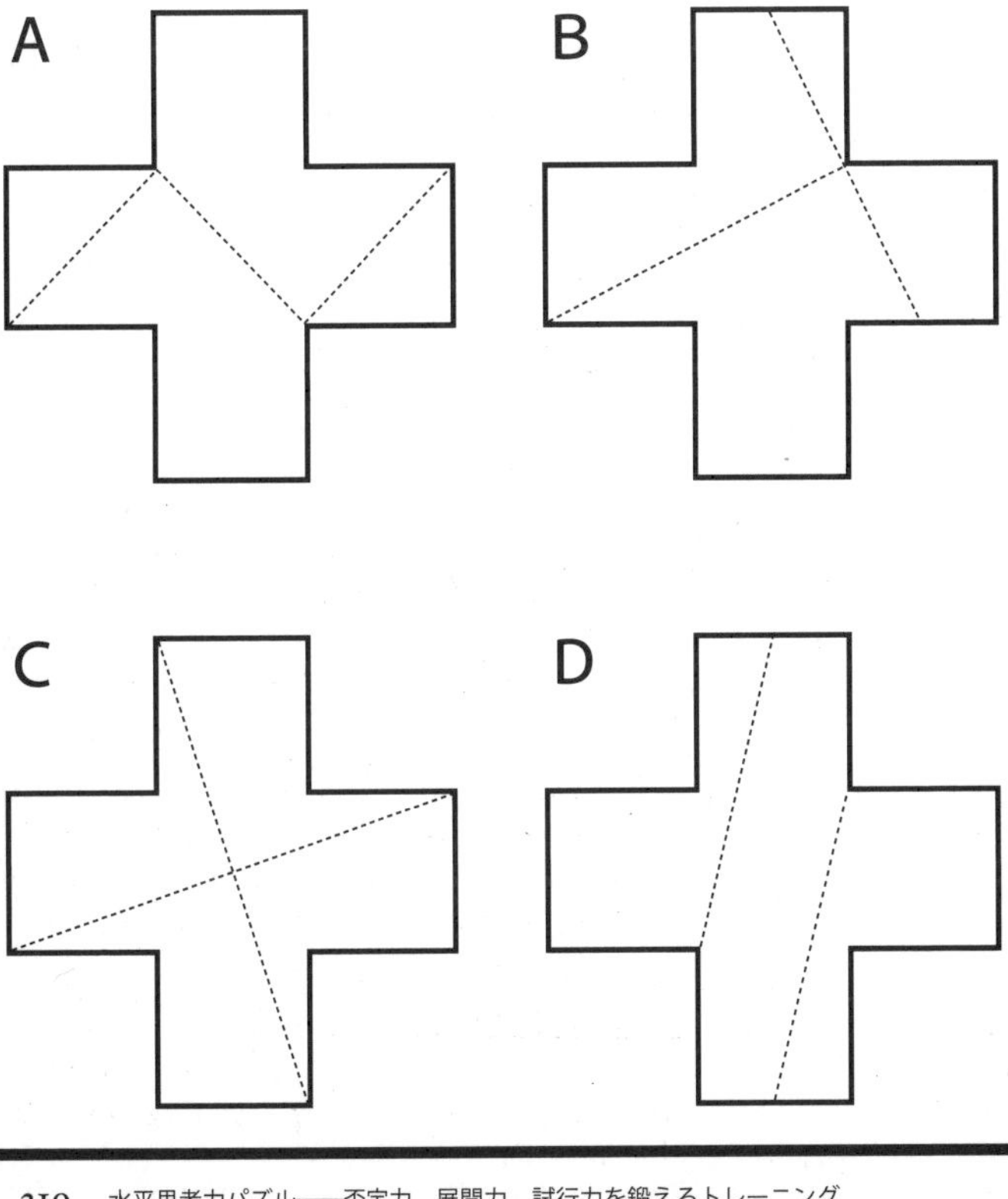

解答　B

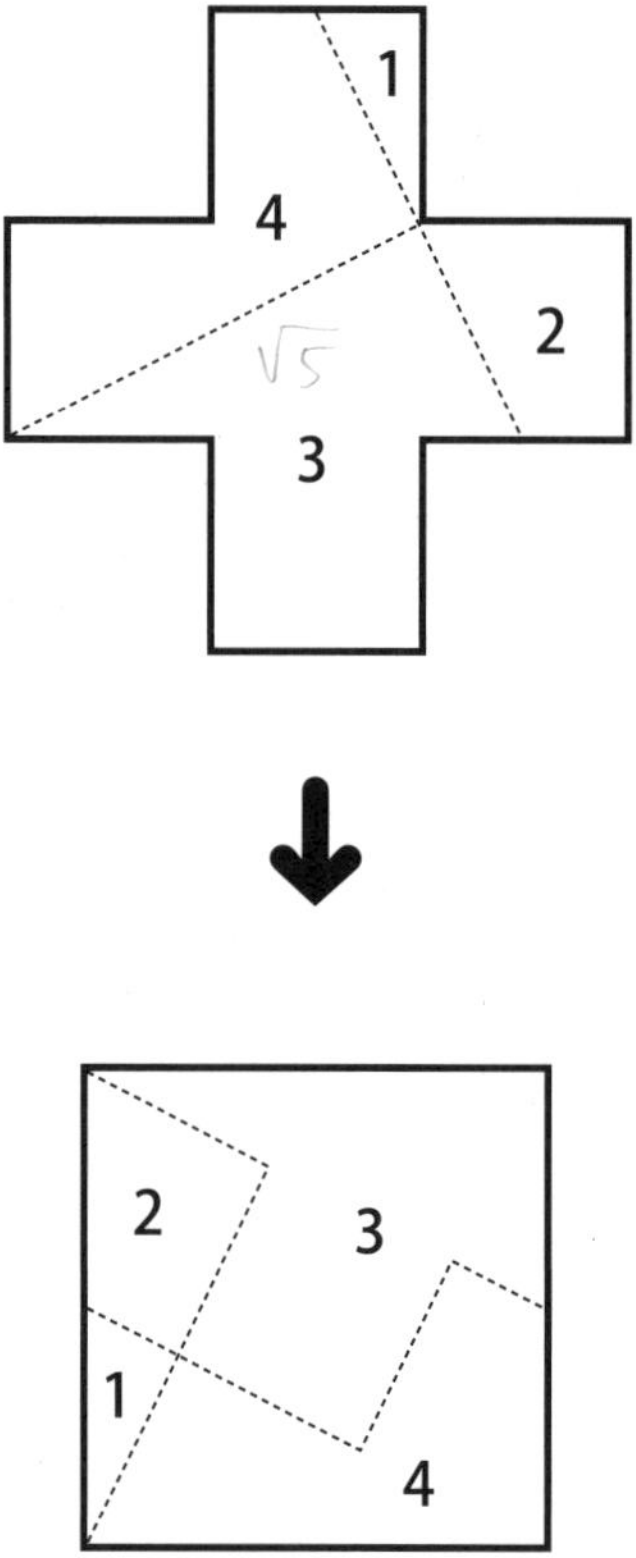

問題 試行力❷ 160ccを測れ

いま、200ccの枡にお酒がいっぱい入っている。このなかから料理に使う分、160ccを取りたいのだが、手元にはもうひと回り小さい180ccが入る枡があるだけ。さて、この２つの枡を使って、どうやれば160ccを量ることができるだろうか？

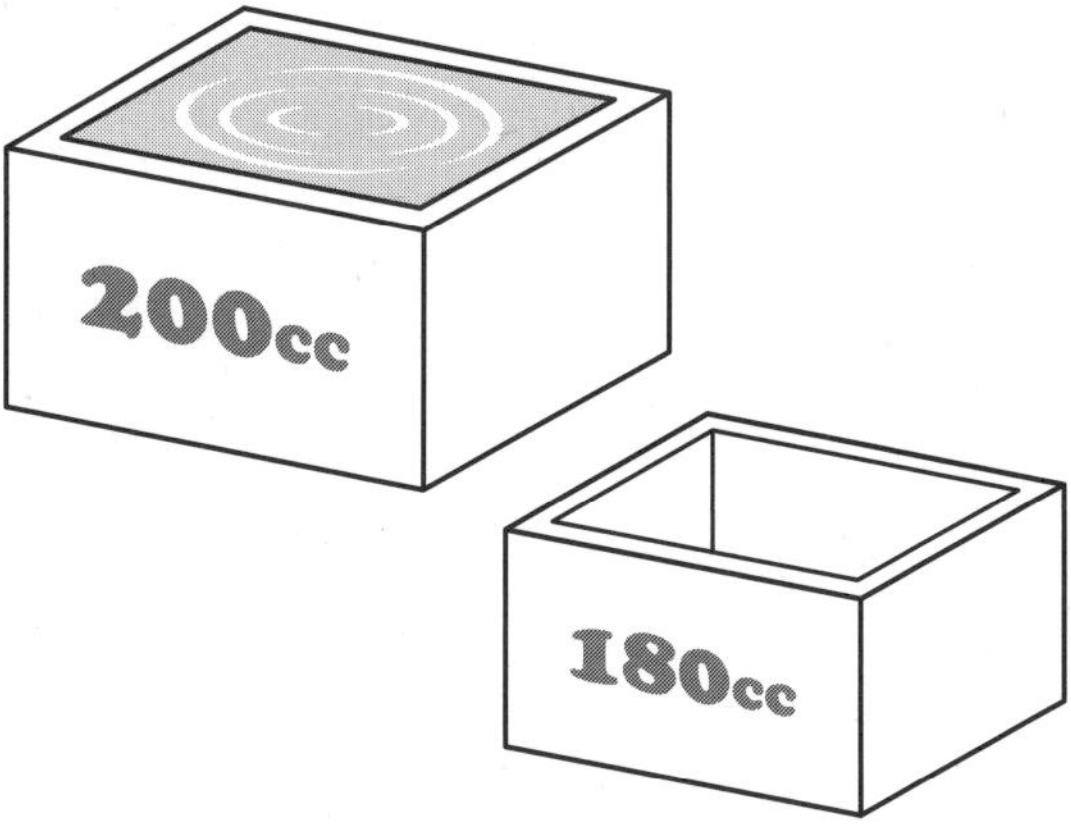

図1

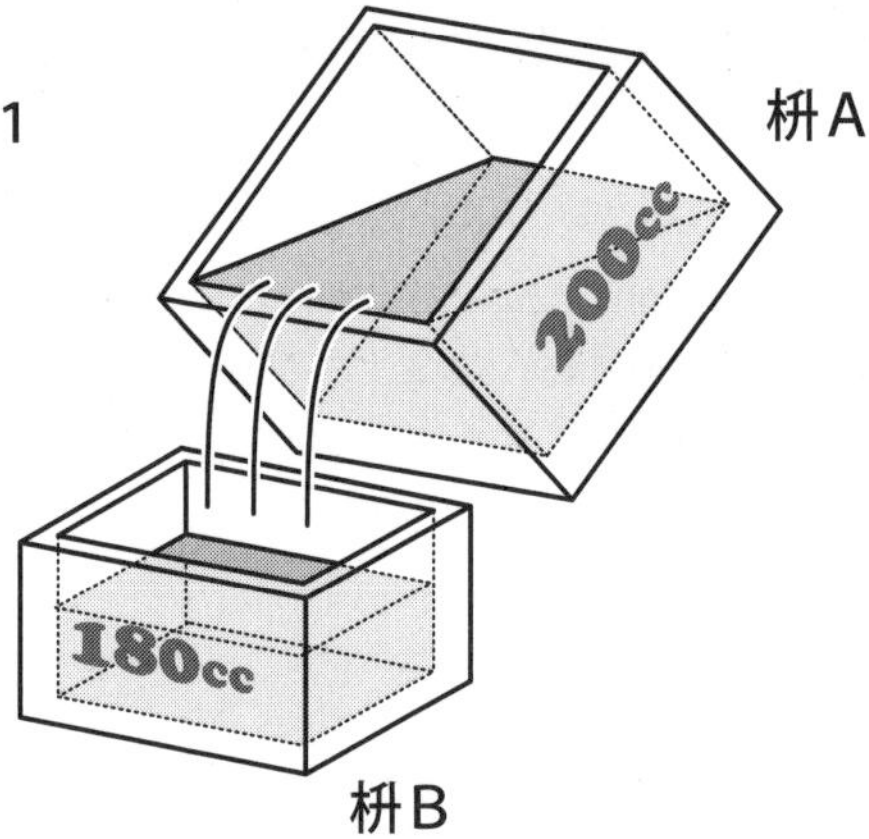

図2

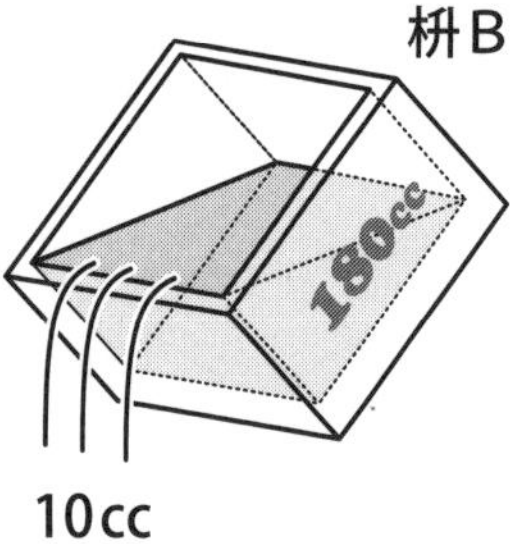

図3

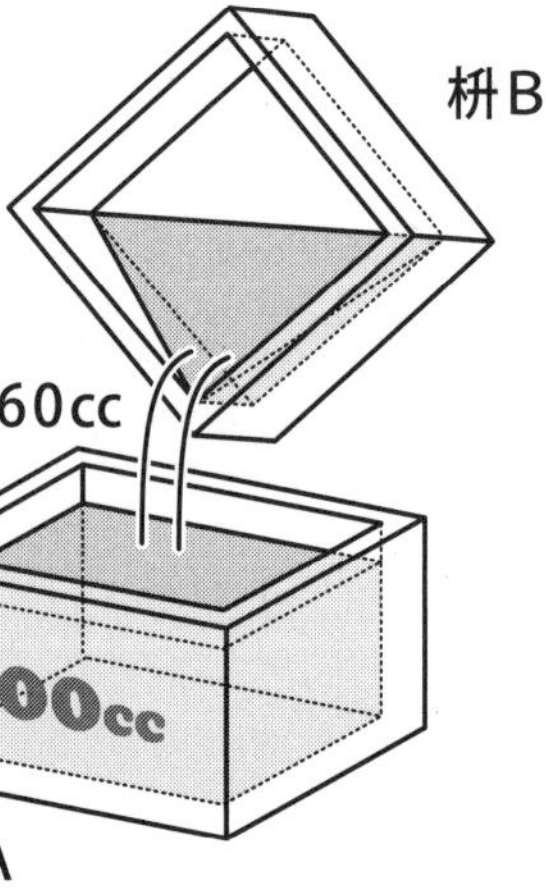

解答

まず、お酒が200cc入った枡Aを図1のように傾け、1／2＝100ccのお酒を180cc入りの枡Bに入れる。
すると、A、Bそれぞれに100ccずつお酒が入っている状態になる。

次に、Bを図1と同じように傾けて、お酒を枡の1／2だけ残し、溢れた分＝10ccを捨てる（図2）。つまりBには90cc入っている。その後、Bを図3のように、枡の角からお酒をこぼすように傾けて、Bの中でお酒の表面が三角形になるまでAに移す。この状態でBに残った量はBの容積の1／6、すなわち180cc÷6＝30ccである。
つまり、90－30＝60ccがAに移されたことになり、Aには100＋60＝160ccが入ったことになる。

この問題を解くポイントは、「角錐の体積は同じ底面積、同じ高さの角柱の体積の1／3である」という、数学の図形の定理を知っているかどうか。その定理を応用すると、図3のBでお酒が作る三角錐の体積は、図2でお酒が作る三角柱（体積はBの容積の1／2）の1／3となることから、Bの容積の1／2×1／3＝1／6となるわけだ。

「そうだ。それで、これからやるのは、『ババ抜き』だ。ただし、ルールがちょっと変わっていて、4人が〝一斉に〟右隣のプレイヤーのカードを引くんだ。そう、『うすのろ間抜け』と同じ要領だ。あとは、ふつうのババ抜きと同じで、ペアができたらその2枚を表にして、場に捨てる。これを繰り返すだけ。最初に手札がなくなったやつの勝ちさ」

バートは黙って説明を聞いていたが、「しかし、ジョーカーがないとババ抜きとは呼べんな」
と笑いながら、有無を言わせない態度で、傍らにあるジョーカーを1枚、ジャックの方によこしてきた。
自称最強、実は最悪の3兄弟の兄らしい嫌がらせだ。

だが、ジャックはこのジョーカーを、両手を軽く広げ、やれやれという表情を浮かべながらも黙って受け取ることにした。

そしてゲーム開始。ジャックは内心ほくそ笑んでいた。
(フフッ、これで俺の完全勝利だぜ……)

さて、どうしてジャックは勝利を確信したのだろう?

問題 試行力③ うすのろババ抜き

自称天才ギャンブラーのジャック。最近はポーカーやブラックジャックなど、ふつうのカードゲームにも飽きて、新しいゲームを考え出した。
「ようし、これで百戦百勝だぜ」

さっそく、自称最強ギャンブラー３人組、バート、ビリー、ブーン兄弟に勝負を挑んだ。

「よう兄弟、ちょっと変わったカードゲームをやらないか。最強兄弟なら、もちろんどんな勝負でも受けてくれるよな？」

兄のバートが意気込む。
「おうさ、当然よ。で、どんなゲームだ？」

ジャックが始めたのは、こんなゲームだ。

まず、店の奥の円テーブルに、時計回りにジャック、ブーン、ビリー、バートが座る。
そこで、ジャックは新しいカードから２枚のジョーカーを除き、残った52枚を４人に表向きに配った。４人ともエースからキングまで13枚のカードが１枚ずつ配られた。

「これでハンデはなしってことか」
バートがめいめいの前のカードを用心深く見つめている。

解答

ジャックだけが偶数の14枚の手札から始め、他の３人は13枚の手札からゲームを始めたから

４人が「一斉に」右隣の人のカードを引くというのがミソ。

右隣の人からカードを引くと、それが手札にあるのと同じ数字だった場合は、手札は２枚ずつ減っていくが、数字がそろわないと、手札は増えも減りもしない。


ここで、最初の状態で各自のカードが何枚あるか、考えてみよう。

ジャックのみ13枚＋ジョーカーで14枚持ち、他の３人は13枚ずつ。手札は２枚ずつ減っていくのだから、３兄弟の手札は13→11→９→７→５→３→１枚まで減るものの、そこからは永遠になくならない。

一方、ジャックだけは14→12→10……４→２→０で、手札をなくす（勝つ）ことができる。ジョーカーはいずれ誰かが引いてくれることになる、というわけだ。

問題 試行力❹ 大型バスが迷路を行く

ある街の入り組んだ路地を、大型バスが通り抜けようとしている。ところが、道が狭く、角の取れた曲がり角のところしか曲がることができない（直角の角では曲がれない）。入り口から出口まで、うまく抜けるにはどうしたらいいか。

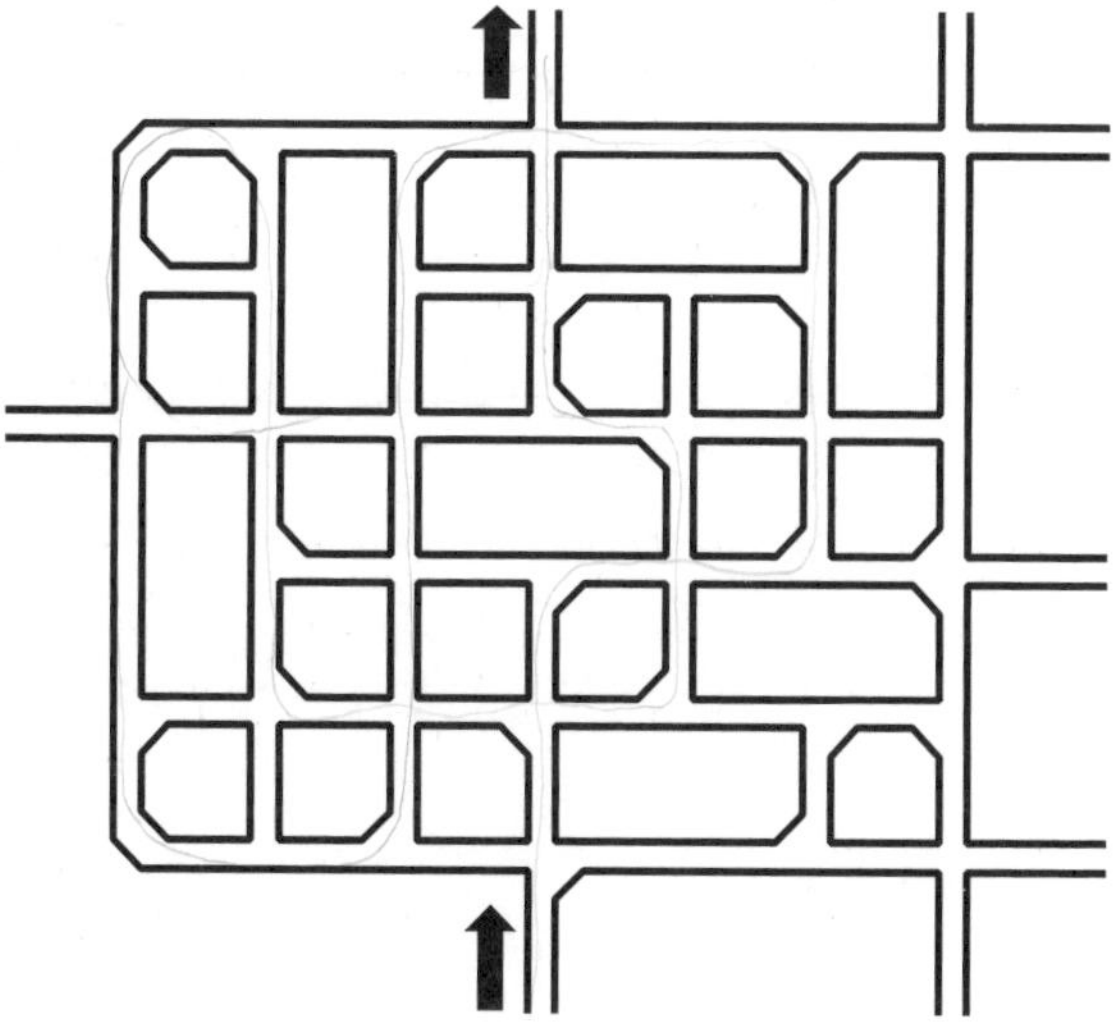

解答　下図のとおり

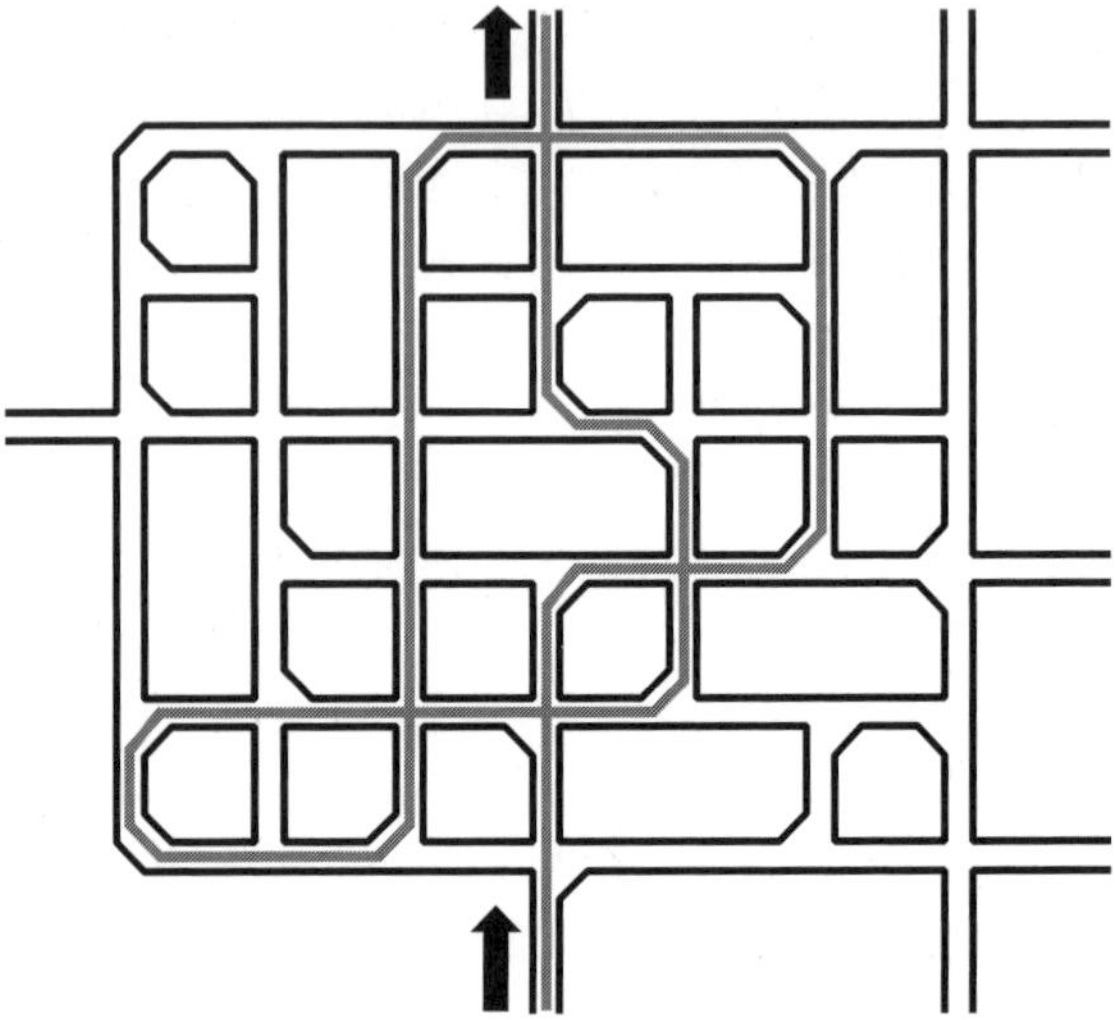

迷路も、試行力を鍛えるのに大切なパズルだ。解答ルートを見ればわかると思うが、この迷路では、いったん出口のすぐ前の道を通ってから、また入り口側へ引き返さなければならない。こうした、一見、回り道に思える試行の末に、正解にたどりつく力が試行力である。試行力には「根性」が大切なのだ。

問題　試行力⑤　9枚のカード

太郎君のお父さんが、一方の面に〝30点〟、もう一方の面に〝20点〟と書かれたカードを９枚、テーブルに置いて言った。

「ごらん、９枚のカードのうち２枚だけ〝30点〟が表になっていて、残りのカードは〝20点〟が表になっている。まずこの９枚のカードを裏返さないよう注意しながらよく混ぜる」

お父さんはすばやく、しかしていねいにカードを混ぜた。
「次に君は目隠しをする」
お父さんは太郎君に、用意してあった目隠しをした。

「ここで問題。目隠しをしたまま、この９枚を何枚かずつの２つの山に分けて、そのとき表を向いている点数の合計がどちらの山も等しくなるようにしてごらん」

太郎君はしばらく考えていたが、ギブアップしてお父さんに助けを求めた。

「お父さん、せめて何枚と何枚に分けるか教えてよ」
「じゃあ大ヒント。４枚と５枚に分けるんだ」

太郎君はもう一度考えたあと、あることをして正解に達したのだが、では４枚と５枚のカードをどうしたのだろうか？

巻末附録のカードを切り取り、使って考えてほしい。

３枚側の「○」の数がつねに１枚だけ多くなることがわかる。

同様に、４枚の山と５枚の山に分けて４枚の山のカードをすべてひっくり返すと、
「４枚の山」に○が０枚
（４枚）××××→○○○○で４枚　（５枚）○○×××
「４枚の山」に○が１枚
（４枚）○×××→×○○○で３枚　（５枚）○××××
「４枚の山」に○が２枚
（４枚）○○××→××○○で２枚　（５枚）×××××
「３枚側－６枚側」よりさらに１枚増えて、４枚側の「○」の数がつねに２枚多くなることがわかる。逆に、５枚の山は４枚の山より、つねに「×」が３枚多いこともわかる。
ここで点数を「○」＝30点、「×」＝20点に戻すと、○の２枚分（30×２＝60点）と×の３枚分（20×３＝60点）が釣り合う。よって、４枚の山と５枚の山の総得点は等しくなることがわかる。

附録のカードを使って、実際に確かめてみよう。

解答　4枚と5枚の山に分けたうちの、4枚の山のカードをすべて裏返す

説明を簡単にするために、30点が表になっているカードを○、20点のを×とする。「○が2枚」なので、まず2枚の山と7枚の山に分けてみる。このとき、「○」の枚数は、

①2枚の山に「○」が0枚の場合

②2枚の山に「○」が1枚の場合

③2枚の山に「○」が2枚の場合

の3つのケースに分けることができる。

①の場合、2枚の山をすべて裏返せば、

（2枚）××→○○　（7枚）○○×××××

どちらの山も「○」が2枚ずつで等しくなる。

②の場合、2枚の山をすべて裏返せば、

（2枚）○×→×○　（7枚）○××××××

どちらの山も「○」が1枚ずつで等しくなる。

③の場合、2枚の山をすべて裏返せば、

（2枚）○○→××　（7枚）×××××××

どちらの山も「○」が0枚ずつで等しくなる。

続いて、3枚の山と6枚の山に分けて3枚のほうをすべてひっくり返してみる。

このとき、両者の「○」の枚数は、

「3枚の山」に○が0枚

（3枚）×××→○○○で3枚　（6枚）○○××××

「3枚の山」に○が1枚

（3枚）○××→×○○で2枚　（6枚）○×××××

「3枚の山」に○が2枚

（3枚）○○×→××○で1枚　（6枚）××××××

おわりに

「生まれつきの天才などいない」

これは、私がこの本を作っているときに同時に訳していたアメリカのミリオンセラー『Outliers』（邦題『天才！』・講談社から発売中）という本のキーメッセージです。すなわち、ビル・ゲイツも、スティーブ・ジョブズも、ビートルズもあるいはモーツァルトも、彼らが成功したのは、**わずかな優位性を生かしながら、毎日、練習を続け、人前で披露し続けたからだ**と、この本では位置づけています。

そして、彼ら、彼女らが「天才」と呼ばれるのは、それまでに行った、プログラミング時間や演奏時間が、おおよそ「1万時間」を超えるところから始まった、と『Outliers』の著者であるマルコム・グラッドウェルは分析をしています。

私も、今は、新しいマーケティング・アイディアや、困ったときの水平思考力については、人よりも得意であると自負をしており、これまでの著作活動その他の展開に役立ててきたと思います。そして、そういった能力を身につけた裏側にあったのは、莫大な時間、1万時間をはるかに超える間、「クイズ・パズルを解き続けていること」ではないかと思います。

本文でお話ししたように、私の1万時間は、小学生の頃からひたすら本を読み、ペンと紙を使ってなぞなぞを解き、途中からはさまざまなゲーム機が登場したので紙と並行してゲームのコンソールを使いながら、こうでもない、ああでもない、とクイズやパズルを解いていたことから始まったと思います。

そして、いまでも、本物のパズルも、あるいは実務でのパズル、たとえばなぜこのお店だけが流行っているのかとか、なぜこの商品は流行ったのに、こちらは流行っていないのかなど、さまざまな問題を解き続けています。

そう、**脳力UPに大事なことは、「パズル・クイズを解くような思考訓練を1万時間以上行い、それが呼吸するように自然にできるようにしてしまうこと」**なのです。だからこそ、私たちはこの本を用意しましたし、この本だけではまだまだ1万時間には足りないので、左記の携帯サイトを用意しました。

http://katsuma-puzzle.jp（「勝間和代　パズル」で検索→クリック）

クイズ・パズルを解くことは、まさしく頭の運動であり、頭の体操です。多湖輝さんの「頭の体操」というネーミングは実に見事だったと思います。毎日、毎日、頭の体操をすることで、さまざまに視野が拡がり、活性化し、新しいことができるようになります。

まずは**立体思考力＝論理思考力×水平思考力と分解**し、それぞれを

論理思考力＝法則力＋当てはめ力＋数字力

水平思考力＝否定力＋展開力＋試行力

の3つずつに要素分解し、それぞれの力をパズルで養うことで、あたかもバランスよく筋力トレーニングを行った身体のように、美しい脳力を身につけることができるのです。

とはいえ、細切れ時間を利用して、毎日1時間ずつ、パズルを解いてみると仮定しましょう。そうすると、1万日で1万時間ですから、毎日毎日、私たちが用意する携帯サイトでパズルを解くことを行ったとすると、約27年5ヵ月後に、1万時間に到達することになりま

す。それではちょっと時間がかかりすぎますか？　でも、これを短縮しようと思ったら、もっともっと、一日に行う量を増やすしかないのです。

ともかく本を読み、携帯サイトを使い、そして、そのほか日常のできごとをパズルだととらえ、それを解くことをひたすら繰り返すしかありません。そして、誰しもが天才のレベルまで到達しなくても、少なくとも累計で１０００時間以上、得意なことを磨き上げていくことで、他の人とは十分に違いが出る「秀才」のレベルに達することはできます。１０００時間であれば、毎日1時間で、2年9ヵ月後です。

もちろん、１０００時間をめざした場合、達成するまでの間になにも変化が起きないのではなく、さまざまな形で脳力がついてきますので、それを楽しんでいきましょう。とくに、日々の生活での意思決定がたいへん楽しく、そして的確になってきます。

私がよく推奨する**「怒らない・妬まない・愚痴らない」の三毒追放についても、それを実行することは、実は非常に高い問題解決能力、つまり立体思考力を養うよい機会**なのです。

なぜなら、妬みたくなるような状況、怒りたくなるような状況、あるいは、愚痴りたくなる状況では、必ず悩みのタネがあります。だからこそ、この悩みのタネを一種のパズルととらえ、どのようにこの悩みのパズルを解くと、より自分が苦しくなく、より楽になるのか、考え抜くクセがつくためです。

つまり、妬んだり、怒ったり、愚痴ったりするヒマがあったら、問題の対象を「法則力」により分解し、あるいは「当てはめ力」により仮説を立て、さらには「試行力」を発揮するなどで乗り越えられないのか考えてみることは、立体思考力を高める、とてもいいチャンスになるというわけです。

よく、どうやったら精神力を強くできるかという質問を受けることがあります。スポーツや瞑想などで精神力を鍛えることができますが、同様に、このようにパズルのトレーニングを行うことでも、精神力を鍛えることが可能なのです。

この本も、そして、私たちの用意している携帯サイトも、いわば筋力トレーニングのダンベルとその動かし方を教えるトレーナーのようなものです。私たちはダンベルなしでも筋力トレーニングはできますが、ただ、ダンベルがあったほうがより効率よく、さまざまな筋肉を鍛えることができます。そして、トレーナーが側について、そのダンベルの動かし方を手取り足取り教えるのです。本物のトレーナーを雇うには、1時間7350円くらいかかりますが、最近は携帯電話というたいへん便利なものがあるため、1ヵ月で500円としても、1日わずか17円弱でこのトレーニングが受けられるのです。

とにかく、**もっとも大事なことは、毎日、少しずつでいいから、続けること**です。誰も、最初から1万時間の練習量を持って生まれた人などいません。だからこそ、続けられる仕組みが必要で、そこで考え続ける仕組みを身近に持った人だけが、まずは1000時間、そして、長年の間に1万時間を超え、エキスパートと言われるレベルにまで到達することができます。

頭を使うこと、そしてそのことでどんどん新しいことを考えられるようになることは、私たちの最大の喜びの一つでもあります。ぜひ、一緒に脳力UPをこの本で、そして、携帯サイトで楽しんでいきましょう。

スタッフクレジット

■著者……勝間和代

■監修……株式会社 監査と分析

■編集協力……キューパブリック

■構成……松岡賢治

■イラスト……勝部浩明
村山純

■パズル作成協力……安孫子仁志
稲葉直貴
F.D.Office
杉本幸生
細谷正充
吉村知之

■携帯サイトデザイン……アルグラフ

■カバー、本文写真……橋本雅司
井上孝明

■ブックデザイン……守先正

勝間和代（かつま・かずよ）

1968年東京生まれ。経済評論家、公認会計士。慶應義塾大学商学部卒、早稲田大学ファイナンスMBA。19歳で公認会計士２次試験を突破（当時史上最年少）、在学中から監査法人に勤務しながら21歳で長女を出産、以後、アーサー・アンダーセン（公認会計士）、チェース銀行、マッキンゼー（戦略コンサルタント）、JPモルガン証券を経て経済評論家として独立。2005年、『ウォール・ストリート・ジャーナル』紙で「世界の最も注目すべき女性50人」に選ばれる。'06年「エイボン女性大賞」、'08年「ベストマザー賞」受賞。著書に『効率が10倍アップする新・知的生産術』（ダイヤモンド社）、『断る力』（文藝春秋）、『会社に人生を預けるな』（光文社）など、翻訳書に『天才！』（マルコム・グラッドウェル著、講談社）がある。

■勝間和代公式ブログ「私的なことがらを記録しよう!!」
http://kazuyomugi.cocolog-nifty.com/
（グーグルで「勝間和代　ブログ」→クリック）

■勝間和代オフィシャルサイト
http://www.katsumaweb.com/
（グーグルで「勝間和代　サイト」→クリック）

■「勝間和代・脳力UP」公式携帯サイト
http://katsuma-puzzle.jp
（「勝間和代　パズル」→クリック）

勝《かつ》間《ま》和《かず》代《よ》・脳《のう》力《りよく》UP《アップ》

2009年6月8日　第１刷発行

著　者……勝《かつ》間《ま》和《かず》代《よ》

発行者……鈴木　哲

発行所……株式会社講談社
東京都文京区音羽2-12-21　郵便番号112-8001
電話　03-5395-3522（出版部）
03-5395-3622（販売部）
03-5395-3613（業務部）

印刷所……慶昌堂印刷株式会社

製本所……株式会社国宝社

本文データ制作……講談社プリプレス管理部

N.D.C. 798　238p　　ISBN978-4-06-215378-2

勝間式ビジネスドリル

頭を悩ます、
鍛えるパズル・クイズの
テーマパークへご案内!!

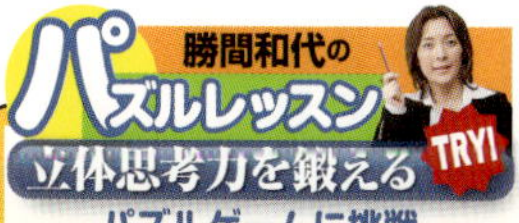

パズルゲームに挑戦

立体思考力とは論理思考力×水平思考力。論理思考力は、法則力＋当てはめ力＋数字力の３つ、水平思考力は否定力＋展開力＋試行力の３つの要素に分解できることは本書のとおり。ここでは、実際にこの６つの思考力をまんべんなく鍛えてもらいます。この勝間式「脳の筋トレジム」で「頭の汗」をかいて、サイト内ゲームをプレイするための「カツマーコイン」をゲットしてください。

「勝間和代のパズルレッスン」で問題に挑戦。プレイしたあなたの正解・不正解を分析、立体思考力がバランスよく身についているかなど、あなたの脳力を診断します。

あこがれの職業でショップ経営

本書冒頭で、東京・青山のフレンチレストランが繁盛している秘密に迫りましたが、この携帯サイトでは、実際にラーメン屋さん、パン屋さん、雑貨屋さん、ネイルサロンの経営に挑戦してもらいます。「カリスマ社長パズル・クイズ」を解いて会社を成長させてください。経営（プレイ）するためには「カツマーコイン」が必要です。

特別無料お試し

［パズル問題に挑戦］

無料のお試し問題、コラムをご用意しています。問題に正解すると、正式入会時の特典に。

勝間和代 虎の穴

仕事に役立つ、悩みを解決する、人生の指針になる……読み応え満点のコラム集。本サイトはカツマー必携必読の情報が満載、「勝間和代版モバイルメディア」でもあるのです。

勝間の一言365

勝間のミラクルグッズ

企業の脳

『誰でもできる』日本支配計画 無料

漫画雑誌『モーニング』連載中のコラム。これを読めばあなたは日本を変えられる！

インディな女性《ひと》

勝間和代の本棚

通勤時間、待ち合わせ、息抜きやトイレタイム（？）にサクサクと！スキマ時間を有効に使いましょう!!

勝間先生の特別ゼミ
超難問の解き方
パズルの館

外資系会社の入社問題、ブレインティーザーという「なぞなぞ」からミステリーの名トリックまで取りそろえた、パズルレッスン特別ゼミ。勝間先生の特訓講座で、立体思考力に磨きをかけよう。こちらは受講したら、カツマーコインをゲットできます。

ビジネスに役立つ思考力＝立体思考力をバランスよく鍛える

パズルメニューはこれだ！

立体思考力の6要素＝法則力、当てはめ力、数字力、否定力、展開力、試行力を鍛えるパズル&クイズを用意しています。これらはまさに勝間式「脳力UP」ジムの筋トレマシンそのもの。問題を解いて、頭の運動、頭の体操を!

あなたの脳トレジムのご利用料金は、1ヵ月最低300円（税別）、1日約10円です。

パズルレッスンをちょっと見学

画面に勝間先生が登場。
画面の操作方法については
右ページ下をご参照ください

↓

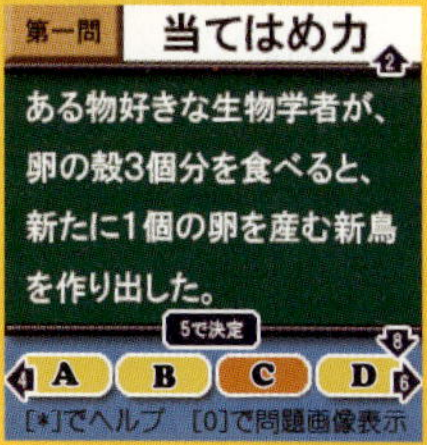

黒板に問題が出てくるので、選択肢A～Dを選択。
パズルレッスンは5問で1セット、
法則力問題から試行力問題まで、
アトランダムに出題される

↓

勝間先生が正解、不正解をジェスチャー入りで。
問題は、ちょっと歯ごたえのあるもの
が多いかもしれないが、
繰り返し解いているうちに
だんだん易しくなってくるはず

マッチ棒パズル

次の数式を正しい式にしてください。（正解は、ひっくりかえしてみてください）

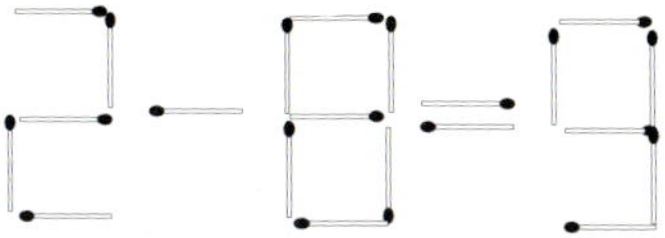

角度メイズ（迷路）

スタートⓈからゴールⒼまで、正三角形や正方形などで構成された〇＝コマを通りながらすすむ迷路。ただし、コマに⑥⓪や⑨⓪とかかれていたら、そこではその角度どおりに曲がらなければならない。

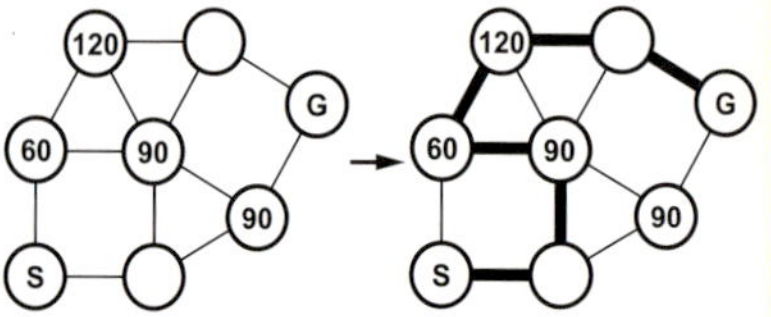

ピースをチョイス

大きいピースを、同じカタチの小さなピースに分解する。小さいピースは回転させても、裏返しにしてもいい。どの色のピースなら大きなピースを作れるか、選択肢で。

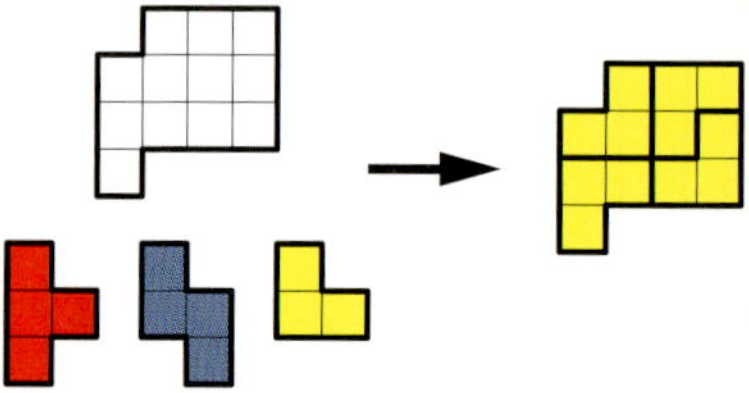

インド式倍数クロス

青いマスの数字の倍数が、タテ・ヨコに入ります。タテには白い数字の、ヨコには黄色い数字の倍数（例：64は８の倍数）が入ります。空欄に1～9の数字を入れてください。

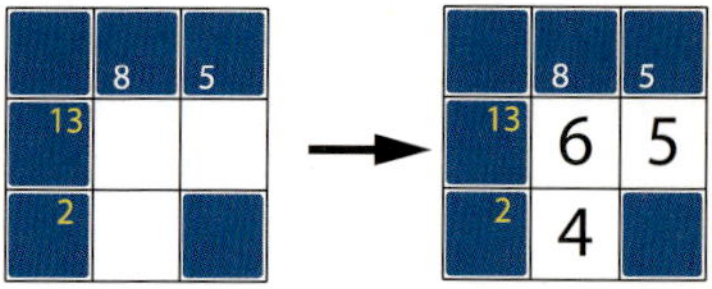

パズル、ゲーム画面の操作方法について

「パズルレッスン」や「めざせ！　カリスマ社長!!」の問題画面の操作は、主に番号キーで行います。
2、8が**スクロールキー**で、**2**を押すと上に、**8**を押すと下に画面がスクロールされます。**4、6**は**解答選択キー**で、三択・四択問題の選択肢を選ぶときに使います。**5**が**決定キー**で、開始や解答決定の際にはこのボタンを使用します。
0は問題文や問題画像、解き方説明画像の**切り替えを行うとき**に使います。
＊ボタンを押せば、いつでも右の操作説明画像を呼び出すことができます。
また、解答を直接入力する際は、番号キーの上にある、十字キーを使用し、入力カーソルに合わせて文字や数字を入力して解答します。

本書に登場したパズルがフラッシュゲームに
○×アンサー

133ページの「正直者の部屋とウソツキの部屋」が携帯サイトにフラッシュゲームになって用意されています。題して○×アンサー。解き方、考え方は本書を大いに参考にしてください。

問題

解答

携帯サイトではこんな画面に

こちらは携帯サイト用オリジナルフラッシュゲーム
ロジカルビル

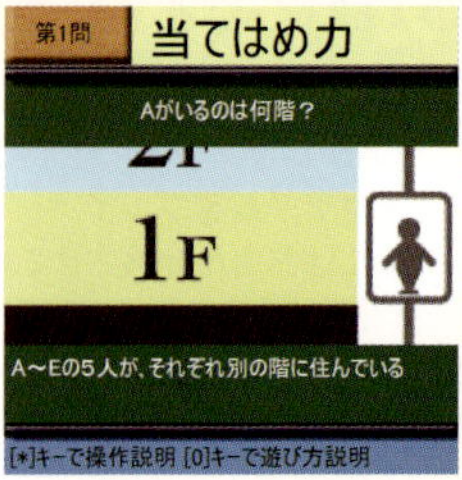

「○×アンサー」を垂直に発展させ、エレベーターで上下移動すると、その階に住む住人がヒントを出す。そのヒントをもとに、住人を探す。

カリスマ社長のお店経営にいかす文章問題も
数字力パズル

「味噌ラーメンと醤油ラーメンは、それぞれ650円と600円。原価は60%。従業員は1人で給与は25万円、お店の家賃20万円。1日の販売数は味噌100杯、醤油120杯とした場合、年間利益はいくら？　ただし年間営業日数は300日とする」

このほか、法則力や否定力、展開力などなど、本書で解説した文章問題がぞくぞく。

カツマーコインとは？

パズルレッスンに挑戦、問題を解くと、カツマーコインをゲットできます。このコインで、「勝間式人生ゲームに挑戦　めざせ！ カリスマ社長!!」がプレイできます。カリスマ社長問題を解いて、あなたが経営するお店をどんどん成長させてください。また、コインは、パズルレッスンの特別ゼミにあたる「パズルの館」に来館、超難問パズルを受講してもゲットできます。

ケータイ本格派ゲーム「めざせ! カリスマ社長!!」

「パズルレッスン」、「パズルの館」でカツマーコインをゲットしたら、勝間式人生ゲームをプレイ。
あなたはお店を発展させて経営者の「殿堂入り」することができるか!?

あなたが経営するお店は、ラーメン屋さん、パン屋さん、雑貨屋さん、ネイルサロンの4種類から選びます。
このサイトに入会登録する際すでに、経営するお店を選択、屋号を決めてもらっています。カツマーコインを元手に、「カリスマ社長問題」を解いて、ミッションをこなし、アクシデントを乗り越えて、どんどんお店を大きくしてください。

ラーメン屋さん

パン屋さん

雑貨屋さん

ネイルサロン

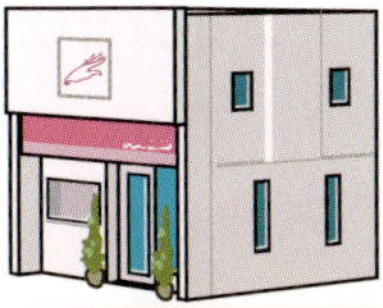

お店を選び屋号を決めると、男性プレイヤーなら女性の、女性プレイヤーなら男性の社員がつきます。二人はとても誠実、聡明。彼（彼女）とともに、お店を成長させてください。ただし、プレイするにはカツマーコインが必要。難問ぞろいのパズルレッスンに挑戦してコインをゲットしてください。

ミッション

「おうおう、ラーメン伸びちまってるじゃないか、これ! この店はこんなもの食わすのか」と、クレーマー登場。でも、問題を解けば「まあ、いいや、今度は注意してくれよ。俺この店のラーメン好きだからよ」と根はいい下町風のオヤジなのです。お店はお客さんに育てていただくもの。

ランクアップ

あなたのお店の業種別ランク、全体ランキングの確認を。また、プレイヤー上位者はランキングを公開される。

アクシデント

「オーナー、大変です。有名なグルメ評論家がお店に来ています」——さあ、お店のピンチを救ってください。

殿堂入り決定!

オーナー！つ、ついにやりましたね！小さなラーメン屋から始めたお店が、ついに殿堂入りすることに決定しました！
これまでの苦労がすべて報われたような気がします。思い返すといろいろな思い出がありますが、やっぱりオーナーについてきて良かったです！
ですが、オーナーのことです。これで終わりではないんでしょう？　まだまだ、他のお店を経営していくつもりですね？
　わかりますよ、長い付き合いなんですから。ええ、もちろん私もオーナーについて行きます！　次のお店でも、いっしょにがんばりましょう!!

■殿堂入りしたカンパニーから

殿堂入り

「オーナーすべての苦労が報われましたね」——殿堂入りするまでにお店はさまざまに発展していきます。はたして、あなたはどんなお店に成長させていくのか?　殿堂入りののちは、また別の業種で。

読みものコラム
勝間和代虎の穴

本邦初のエンタテインメントなビジネスメディアである「脳力UP」は読みものも充実しています!

——明日の仕事に即使える技術、人生の悩み解消法、ビジネスのヒント盛りだくさん——ビジネスパーソン一人ひとりに経営者のような発想や知的生産型のビジネススキルを求められる、今の時代に必携! 勝間式スマートモバイルなサイトだ!!

「『なぜ5回』を繰り返す」——「なぜ」売り上げが上がらないのか→地方の売り上げが落ちているから→「なぜ」地方の売り上げが落ちているのか→地方のセールスマンの質が低いから→「なぜ」低いのか→商品開発部門とのやりとりが少ないから……問題解決するためには原因への〝深掘り〟が大切。活路を開く、元気が出る「勝間の金言、箴言」を毎日ひとつずつ。

勝間のミラクルグッズ

勝間さん愛用のデジタル機器、スマート家電、ステーショナリーの紹介。ビジネスのノウハウはまず「道具」から。

勝間和代の本棚

本書『勝間和代脳力UP』の解説はもちろん、無類の読書家でもある勝間さんおすすめの本たちがいっぱい。

『誰でもできる』日本支配計画 無料

漫画雑誌『モーニング』連載中の話題のコラム、勝間版「日本改造論」。チェンジメーカーになるためにはどうすればいいのか——。こちらは非会員の方にも全文公開中。

企業の脳

プラス　ステーショナリー株式会社
マーケティング本部
米津雄介 さん

成功を手に入れる！ 独創的なアイディアを形にする！ 一度は生み出したいヒット商品、手がけてみたいビッグ・プロジェクト。新たなものを生み出す決め手は、「開発者の脳」だ！

当シリーズでは、ヒット商品を世に出したサラリーマンを直撃、ヒット商品を生み出す「思考」の秘密に迫ります。

初回に登場するのは、文具でまったく新しい市場を切り開くことに成功、これまでに150万個を売り上げた個人情報保護スタンプ「ケシポン」の開発者・米津雄介さん。

それは「むちゃぶり」社長のヒトコトから始まった——。

インディな女性《ひと》

精神的にも経済的にも自立した「インディ」（＝independent）な女性たち。先行き不透明な日本社会で、しなやかにしたたかに生きる彼女たちは、美しく魅力的だ。

第1回は、Webサービス会社F-Questを立ち上げた笠木彩さんの素顔に迫る。

「女性だから仕事を任せられない」——大学を卒業、総合職で就職した某電鉄会社は超・コンサバ企業。理不尽な処遇に張り詰めた糸が切れて退職を決意する。ところが、「あなたのビジネス構想はおもしろい。自分でやってみたらいいのに」—— 失意のどん底で出会った、不思議な外国人が笠木さんの運命を変えた！

ベンチャー企業のブランディング＆エンジニア採用をサポート
株式会社 F-Quest　代表取締役
笠木 彩 さん

脳力UPの特訓講座

――世の中には、あなたの知らない数々の難問・奇問が存在する……

パズルレッスンに挑戦、でもいまいち解き方がわからない――そんなときは、このコーナーへ。立体思考力を養うパズルの解き方を、楽しく易しく解説しています。教材は、外資系企業の入社問題、名作ミステリーのトリック、歴史的難問パズル、オリジナルの数字力問題など。まずは、設定した制限時間内に解いてみてください。考える・悩む習慣をつけて脳力UPを!

例題

虎の子渡し

虎の母親と３匹の子供の虎が大きな岩をつたって川を渡ろうとしている。母は子虎を１匹ずつ口にくわえて川を渡るのだが、３匹のうち１匹だけやたら獰猛な子虎がいて、母虎がいないと他の子虎に大ケガを負わせてしまう。母虎が３匹の子虎を無事に渡すにはどうしたらよいだろうか？

これは、本文136ページの「宇宙飛行士とエイリアン」パズル（イラスト下）で解説しましたが、8世紀からあるという「渡河問題」のひとつ。答えは、携帯サイトでご覧ください（以下同）。

こんなブレインティーザー(なぞなぞ)は?

例題

日本に漁師は何人いるか?

「シカゴにピアノの調律師は何人いるか?」「世界にクレジットカードは何枚あるか?」などなど、そう、こちらは、本文107ページに登場した「フェルミ推定」で解く問題。外資系会社の口頭試問などで出題されるとか。

ではこれは?

例題

新しいGPS装置への技術投資を検討している。表は、3回計測したときの、実際の位置とのズレ(誤差)を表している。このデータだけで判断するとしたら、どの社の技術がもっとも誤差が少ないものといえるか。

A社	1m	3m	4m
B社	2m	2m	4m
C社	3m	4m	5m
D社	3m	3m	3m

(注)このカラー附録に掲載している携帯サイトの画像はすべて開発中のものです

勝間和代☆脳力UP へのアクセスは!

i-mode、EZweb、Yahoo!ケータイの公式メニューからは
それぞれ以下の手順でアクセスしてください。
キーワード検索、QRコードも便利です。

i MODE 公式サイト	iメニュー ↓ メニューリスト ↓ ゲーム ↓ クイズ／学習／検定 ↓ 勝間和代☆脳力UP
EZweb 公式サイト	au one トップ ↓ カテゴリ（メニューリスト） ↓ ゲーム ↓ 学び・脳トレ ↓ 勝間和代☆脳力UP
Y! Keitai 公式サイト	Yahoo! ケータイ ↓ メニューリスト ↓ ケータイゲーム ↓ 脳トレ・学習・クイズ ↓ 勝間和代☆脳力UP

●下記URLを直接入力!

http://katsuma-puzzle.jp

●キーワード検索なら

勝間和代　パズル　［検索］

●QRコードはこちら

229ページ「９枚のカード」試行用のカードです。ハサミで切り取ってお使いください

229ページ「９枚のカード」試行用のカードです。ハサミで切り取ってお使いください